D1828090

Einbürgerungstest 2025

Alle Fragen – Alle Antworten

Marc C. Berthold

Stand: 02.12.2024

<u>Hinweis</u>: Die Formulierungen von einzelnen Fragen und Antworten können leicht von den verwendeten Originalfragen abweichen. Die Bildbeschreibungen erfolgen jeweils aus Sichtweise der betrachtenden Person. Die Lösungsvorschläge sind mit „ ✓ “ gekennzeichnet. Unter den jeweiligen Fragen befinden sich – insofern erforderlich - verständliche Erklärungen.

Teil I

Allgemeine Fragen

Aufgabe 1

In Deutschland dürfen Menschen offen etwas gegen die Regierung sagen, weil …

- ☐ hier Religionsfreiheit gilt.
- ☐ die Menschen Steuern zahlen.
- ☐ die Menschen das Wahlrecht haben.
- ☐ hier Meinungsfreiheit gilt. ✓

Erläuterung zur Antwort

Jeder hat das Recht auf Meinungsfreiheit und freie Meinungsäußerung; dieses Recht schließt die Freiheit ein, Meinungen ungehindert anzuhängen sowie über Medien jeder Art und ohne Rücksicht auf Grenzen Informationen und Gedankengut zu suchen, zu empfangen und zu verbreiten. (siehe auch Artikel 5 Grundgesetz)

Aufgabe 2

In Deutschland können Eltern bis zum 14. Lebensjahr ihres Kindes entscheiden, ob es in der Schule am …

- ☐ Geschichtsunterricht teilnimmt.
- ☐ Religionsunterricht teilnimmt. ✓
- ☐ Politikunterricht teilnimmt.
- ☐ Sprachunterricht teilnimmt.

Erläuterung zur Antwort

Grundsätzlich werden Minderjährige mit der Vollendung des 14. Lebensjahres religionsmündig und dürfen ab dann selbst über die Teilnahme am konfessionellen Religionsunterricht entscheiden. Anders dagegen im Bayern und im Saarland, wo sich Schülerinnen und Schüler erst mit der Vollendung des 18.

Aufgabe 3

Deutschland ist ein Rechtsstaat. Was ist damit gemeint?

- ☐ Alle Einwohnerinnen/Einwohner und der Staat müssen sich an die Gesetze halten. ✓
- ☐ Der Staat muss sich nicht an die Gesetze halten.
- ☐ Nur Deutsche müssen die Gesetze befolgen.
- ☐ Die Gerichte machen die Gesetze.

Erläuterung zur Antwort

Die Gesetze gelten in einem Rechtsstaat für alle. Auch für die Polizei und die, die Ämter im Staat haben. Wichtig ist auch: In einem Rechtsstaat können Richter und Richterinnen unabhängig entscheiden.

Aufgabe 4

Welches Recht gehört zu den Grundrechten in Deutschland?

- ☐ Waffenbesitz
- ☐ Faustrecht
- ☐ Meinungsfreiheit ✓
- ☐ Selbstjustiz

Erläuterung zur Antwort

Jeder hat das Recht auf Meinungsfreiheit und freie Meinungsäußerung; dieses Recht schließt die Freiheit ein, Meinungen ungehindert anzuhängen sowie über Medien jeder Art und ohne Rücksicht auf Grenzen Informationen und Gedankengut zu suchen, zu empfangen und zu verbreiten (Artikel 5 Grundgesetz).

Aufgabe 5

Wahlen in Deutschland sind frei. Was bedeutet das?

- ☐ Man darf Geld annehmen, wenn man dafür eine bestimmte Kandidatin/einen bestimmten Kandidaten wählt.
- ☐ Nur Personen, die noch nie im Gefängnis waren, dürfen wählen.
- ☐ Die Wählerin/der Wähler darf bei der Wahl weder beeinflusst noch zu einer bestimmten Stimmabgabe gezwungen werden und keine Nachteile durch die Wahl haben. ✓
- ☐ Alle wahlberechtigten Personen müssen wählen.

Erläuterung zur Antwort

Zum Kernbestand des Grundsatzes der freien Wahl gehört die Möglichkeit, im Rahmen des Wahlrechtes frei zu kandidieren und Kandidaten zu unterstützen sowie die eigene Stimme ungehindert abzugeben.

Aufgabe 6

Wie heißt die deutsche Verfassung?

- ☐ Volksgesetz
- ☐ Bundesgesetz
- ☐ Deutsches Gesetz
- ☐ Grundgesetz ✓

Erläuterung zur Antwort

Das Grundgesetz als unsere Verfassung ist das grundlegende, fundamentale Gesetz. Dort stehen die wichtigsten Regeln für das Zusammenleben in unserem Staat.

Aufgabe 7

Welches Recht gehört zu den Grundrechten, die nach der deutschen Verfassung garantiert werden? Das Recht auf …

- ☐ Glaubens- und Gewissensfreiheit ✓
- ☐ Unterhaltung
- ☐ Arbeit
- ☐ Wohnung

Erläuterung zur Antwort

Das Recht auf Gedankens- und Gewissensfreiheit ist das Recht eines jeden, sich seine Gedanken und sein Gewissen ohne unzulässige Einflüsse von außen autonom zu bilden. Jeder Eingriff, wie etwa Hirnwäsche oder Beeinflussung durch Medikamente zwecks Manipulation des Bewusstseins oder des Unterbewussten, ist verboten.

Aufgabe 8

Was steht <u>nicht</u> im Grundgesetz von Deutschland?

- ☐ Die Würde des Menschen ist unantastbar.
- ☐ Alle sollen gleich viel Geld haben. ✓
- ☐ Jeder Mensch darf seine Meinung sagen.
- ☐ Alle sind vor dem Gesetz gleich.

Erläuterung zur Antwort

Die Grundrechte schützen den Freiheitsraum jedes Einzelnen. Eine Kollektivierung /Abschaffung der Freiheit des Einzelnen und damit das Gegenteil ist: „Alle sollen gleich viel Geld haben".

Aufgabe 9

Welches Grundrecht gilt in Deutschland nur für Ausländerinnen/Ausländer? Das Grundrecht auf …

- ☐ Schutz der Familie
- ☐ Menschenwürde
- ☐ Asyl ✓
- ☐ Meinungsfreiheit

Erläuterung zur Antwort

Asyl ist in Deutschland ein von der Verfassung geschütztes Recht. Menschen, die aus anderen Teilen der Welt vor Gewalt, Krieg und Terror fliehen, sollen hierzulande Schutz finden.

Aufgabe 10

Was ist mit dem deutschen Grundgesetz vereinbar?

- ☐ die Prügelstrafe
- ☐ die Folter
- ☐ die Todesstrafe
- ☐ die Geldstrafe ✓

Erläuterung zur Antwort

Alle Gesetze, die in Deutschland erlassen werden, müssen mit dem Grundgesetz vereinbar sein. Geldstrafe ist in vereinzelten Gesetzen ein legitimes Mittel und daher Grundgesetzkonform.

Aufgabe 11

Wie wird die Verfassung der Bundesrepublik Deutschland genannt?

- ☐ Grundgesetz ✓
- ☐ Bundesverfassung
- ☐ Gesetzbuch
- ☐ Verfassungsvertrag

Erläuterung zur Antwort

Das Grundgesetz vom 23. Mai 1949 in der jeweils aktuellen Fassung ist die Verfassung der Bundesrepublik Deutschland.

Aufgabe 12

Eine Partei im Deutschen Bundestag will die Pressefreiheit abschaffen. Ist das möglich?

- ☐ Ja, wenn mehr als die Hälfte der Abgeordneten im Bundestag dafür sind.
- ☐ Ja, aber dazu müssen zwei Drittel der Abgeordneten im Bundestag dafür sein.
- ☐ Nein, denn die Pressefreiheit ist ein Grundrecht. Sie kann nicht abgeschafft werden. ✓
- ☐ Nein, denn nur der Bundesrat kann die Pressefreiheit abschaffen.

Erläuterung zur Antwort

Das Recht der freien Meinungsäußerung, und dazu gehört die Pressefreiheit, ist ein Grundrecht in unserer Demokratie.

Aufgabe 13

Im Parlament steht der Begriff "Opposition" für ...

- ☐ die regierenden Parteien.
- ☐ die Fraktion mit den meisten Abgeordneten.
- ☐ alle Parteien, die bei der letzten Wahl die 5%-Hürde erreichen konnten.
- ☐ alle Abgeordneten, die nicht zu der Regierungspartei/den Regierungsparteien gehören. ✓

Erläuterung zur Antwort

Die Opposition ist ein wesentlicher Bestandteil der Demokratie, denn sie kritisiert und kontrolliert die Regierung sowie die Regierungsmehrheit im Parlament. Im Parlament umfasst die Opposition alle Parteien und Abgeordnete, die nicht zur Regierung gehören.

Aufgabe 14

Meinungsfreiheit in Deutschland heißt zum Beispiel, dass ich ...

- ☐ Passanten auf der Straße beschimpfen darf.
- ☐ meine Meinung im Internet äußern kann. ✓
- ☐ Nazi-, Hamas- oder Islamischer Staat-Symbole öffentlich tragen darf.
- ☐ meine Meinung nur dann äußern darf, solange ich der Regierung nicht widerspreche.

Erläuterung zur Antwort

Das Recht auf freie Meinungsäußerung ist im Artikel 5 des Grundgesetzes verankert. Jeder darf seine Meinung vertreten – auch im **Internet**.

Aufgabe 15

Was verbietet das deutsche Grundgesetz?

- ☐ Militärdienst
- ☐ Zwangsarbeit ✓
- ☐ freie Berufswahl
- ☐ Arbeit im Ausland

Erläuterung zur Antwort

Als Zwangsarbeit werden Tätigkeiten bezeichnet, zu denen Menschen unter Androhung einer Strafe oder eines sonstigen empfindlichen Übels gegen ihren Willen gezwungen werden. Sie ist nur bei einer gerichtlich angeordneten Freiheitsentziehung zulässig (Art. 12 Grundgesetz).

Aufgabe 16

Wann ist die Meinungsfreiheit in Deutschland eingeschränkt?

- ☐ bei der öffentlichen Verbreitung falscher Behauptungen über einzelne Personen ✓
- ☐ bei Meinungsäußerungen über die Bundesregierung
- ☐ bei Diskussionen über Religionen
- ☐ bei Kritik am Staat

Erläuterung zur Antwort

Einschränkungen der Meinungsäußerungsfreiheit ergeben sich in Deutschland aus der Schranke des Art. 5 Absatz 2 des Grundgesetzes. Zu den Beschränkungen gehören unter anderem: der Schutz der persönlichen Ehre vor Beleidigung oder Verleumdung.

Aufgabe 17

Die deutschen Gesetze verbieten ...

- ☐ Meinungsfreiheit der Einwohnerinnen und Einwohner.
- ☐ Petitionen der Bürgerinnen und Bürger.
- ☐ Versammlungsfreiheit der Einwohnerinnen und Einwohner.
- ☐ Ungleichbehandlung der Bürgerinnen und Bürger durch den Staat. ✓

> Erläuterung zur Antwort
>
> Die Gleichberechtigung der Geschlechter ist ein universelles Menschenrecht. Im Grundgesetz der Bundesrepublik Deutschland findet es u.a. in Artikel 3 seine Verankerung.

Aufgabe 18

Welches Grundrecht ist in Artikel 1 des Grundgesetzes der Bundesrepublik Deutschland garantiert?

- ☐ die Unantastbarkeit der Menschenwürde ✓
- ☐ das Recht auf Leben
- ☐ Religionsfreiheit
- ☐ Meinungsfreiheit

> Erläuterung zur Antwort
>
> Der Artikel 1 Grundgesetz ist ein sehr wichtiges Grundrecht. Hier geht es darum, dass wir jeden Menschen achten und anerkennen.

Aufgabe 19

Was versteht man unter dem Recht der "Freizügigkeit" in Deutschland?

- ☐ Man darf sich seinen Wohnort selbst aussuchen. ✓
- ☐ Man kann seinen Beruf wechseln.
- ☐ Man darf sich für eine andere Religion entscheiden.
- ☐ Man darf sich in der Öffentlichkeit nur leicht bekleidet bewegen.

> Erläuterung zur Antwort
>
> Artikel 11 des deutschen Grundgesetzes (GG) gewährleistet das Grundrecht der Freizügigkeit. Dieses schützt die Möglichkeit des Wechsels des Wohn- und Aufenthaltsortes sowie die Einreise in das Bundesgebiet in Bezug auf deutsche Staatsangehörige.

Aufgabe 20

Eine Partei in Deutschland verfolgt das Ziel, eine Diktatur zu errichten. Sie ist dann …

- ☐ tolerant.
- ☐ rechtsstaatlich orientiert.
- ☐ gesetzestreu.
- ☐ verfassungswidrig. ✓

Erläuterung zur Antwort

Als Reaktion auf die Errichtung der NS-Diktatur hat das Grundgesetz weitreichende verfassungsrechtliche Vorkehrungen und Institutionen zum Schutz des Bestands der Verfassung geschaffen. Sie sind Instrumente einer demokratischen Verfassungsordnung, die sich selbst gegen ihre Abschaffung sichert und zur Wehr setzt („wehrhafte Demokratie").

Aufgabe 21

Welches ist das Wappen der Bundesrepublik Deutschland?

Bild 1

Bild 2

Bild 3

Bild 4

- ☐ Bild 1 ✓
- ☐ Bild 2
- ☐ Bild 3
- ☐ Bild 4

Erläuterung zur Antwort

Das Bundeswappen zeigt auf goldgelbem Grund einen schwarzen Adler, den Kopf gewendet, die Flügel offen. Schnabel, Zunge und Fänge sind in roter Farbe gehalten.

Aufgabe 22

Was für eine Staatsform hat Deutschland?

- ☐ Monarchie
- ☐ Diktatur
- ☐ Republik ✓
- ☐ Fürstentum

Erläuterung zur Antwort

Deutschland ist eine Bundesrepublik. Das heißt, es ist ein Bund von verschiedenen Ländern, den Bundesländern.

Aufgabe 23

In Deutschland sind die meisten Erwerbstätigen ...

- ☐ in kleinen Familienunternehmen beschäftigt.
- ☐ ehrenamtlich für ein Bundesland tätig.
- ☐ selbstständig mit einer eigenen Firma tätig.
- ☐ bei einer Firma oder Behörde beschäftigt. ✓

Aufgabe 24

Wie viele Bundesländer hat die Bundesrepublik Deutschland?

- ☐ 14
- ☐ 15
- ☐ 16 ✓
- ☐ 17

Erläuterung zur Antwort

Die 16 deutschen Bundesländer sind: Baden-Württemberg, Bayern, Berlin, Brandenburg, Bremen, Hamburg, Hessen, Mecklenburg-Vorpommern, Niedersachsen, Nordrhein-Westfalen, Rheinland-Pfalz, das Saarland sowie Sachsen, Sachsen-Anhalt, Schleswig-Holstein und Thüringen.

Aufgabe 25

Was ist kein Bundesland der Bundesrepublik Deutschland?

- ☐ Elsass-Lothringen ✓
- ☐ Nordrhein-Westfalen
- ☐ Mecklenburg-Vorpommern
- ☐ Sachsen-Anhalt

Erläuterung zur Antwort

Das sogenannte Reichsland Elsass-Lothringen war ein aus Teilen der Landschaften Elsass und Lothringen gebildetes Verwaltungsgebiet des Deutschen Reiches von 1871 bis 1918/19. Es gehört heute zu Frankreich.

Aufgabe 26

Deutschland ist …

- ☐ eine kommunistische Republik.
- ☐ ein demokratischer und sozialer Bundesstaat. ✓
- ☐ eine kapitalistische und soziale Monarchie.
- ☐ ein sozialer und sozialistischer Bundesstaat.

Erläuterung zur Antwort

Die Bundesrepublik Deutschland ist ein demokratischer und sozialer Bundesstaat (Art. 20 Abs. 1 Grundgesetz).

Aufgabe 27

Deutschland ist …

- ☐ ein sozialistischer Staat.
- ☐ ein Bundesstaat. ✓
- ☐ eine Diktatur.
- ☐ eine Monarchie.

Erläuterung zur Antwort

Art. 20 Abs. 1 Grundgesetz: Die Bundesrepublik Deutschland ist ein demokratischer und sozialer Bundesstaat.

Aufgabe 28

Wer wählt in Deutschland die Abgeordneten zum Bundestag?

- ☐ das Militär
- ☐ die Wirtschaft
- ☐ das wahlberechtigte Volk ✓
- ☐ die Verwaltung

Erläuterung zur Antwort

Die Abgeordneten des Bundestages sind Vertreter des ganzen Volkes und werden in allgemeiner, unmittelbarer, freier, gleicher und geheimer Wahl gewählt.

Aufgabe 29

Welches Tier ist das Wappentier der Bundesrepublik Deutschland?

- ☐ Löwe
- ☐ Adler ✓
- ☐ Bär
- ☐ Pferd

Erläuterung zur Antwort

Der Adler ist das Wappentier der Bundesrepublik Deutschland. Seine Geschichte als Wahrzeichen ist jedoch weitaus älter, sie reicht bis in die Anfänge der menschlichen Kultur zurück.

Aufgabe 30

Was ist kein Merkmal unserer Demokratie?

- ☐ regelmäßige Wahlen
- ☐ Pressezensur ✓
- ☐ Meinungsfreiheit
- ☐ verschiedene Parteien

Erläuterung zur Antwort

Zensur ist der Versuch der Kontrolle menschlicher Äußerungen. In Artikel 5 des Grundgesetzes heißt es ausdrücklich: "Eine Zensur findet nicht statt.".

Aufgabe 31

Die Zusammenarbeit von Parteien zur Bildung einer Regierung nennt man in Deutschland ...

- ☐ Einheit.
- ☐ Koalition. ✓
- ☐ Ministerium.
- ☐ Fraktion.

Erläuterung zur Antwort

Eine Koalition in der Politik ist ein temporäres Bündnis politischer Parteien, politischer Gruppierungen und Parlamentsfraktionen.

Aufgabe 32

Was ist keine staatliche Gewalt in Deutschland?

- ☐ Gesetzgebung
- ☐ Regierung
- ☐ Presse ✓
- ☐ Rechtsprechung

Erläuterung zur Antwort

Die Presse ist vom Staat unabhängig und hat starken Einfluss auf die öffentliche Meinung und die politischen Entscheidungen. Die Presse wird deswegen – neben der Legislative (Gesetzgebung), Judikative (Rechtsprechung) und Exekutive (ausführende Gewalt) - häufig als die „vierte Säule der Demokratie" bezeichnet.

Aufgabe 33

Welche Aussage ist richtig? In Deutschland ...

- ☐ sind Staat und Religionsgemeinschaften voneinander getrennt. ✓
- ☐ bilden die Religionsgemeinschaften den Staat.
- ☐ ist der Staat abhängig von den Religionsgemeinschaften.
- ☐ bilden Staat und Religionsgemeinschaften eine Einheit.

Erläuterung zur Antwort

Die Bundesrepublik Deutschland hat sich in seiner Verfassung verpflichtet, Religionen und Weltanschauungen neutral zu begegnen.

Aufgabe 34

Was ist Deutschland nicht?

- ☐ eine Demokratie
- ☐ ein Rechtsstaat
- ☐ eine Monarchie ✓
- ☐ ein Sozialstaat

Erläuterung zur Antwort

In Deutschland endete die Monarchie 1918 nach dem verlorenen Ersten Weltkrieg. Dies geschah durch die Abdankung Wilhelms II., des letzten deutschen Kaisers.

Aufgabe 35

Womit finanziert der deutsche Staat die Sozialversicherung?

- ☐ Kirchensteuer
- ☐ Sozialabgaben ✓
- ☐ Spendengeldern
- ☐ Vereinsbeiträgen

Erläuterung zur Antwort

Die Sozialversicherung ist ein gesetzliches Versicherungssystem, das zum einen Schutz gegen allgemeine Lebensrisiken wie Arbeitslosigkeit, Krankheit, Pflegebedürftigkeit, Invalidität, Arbeitsunfall und Berufskrankheit bietet und zum anderen eine Absicherung für das Alter ist. Für diesen Zweck zahlt man in der Bundesrepublik Deutschland Sozialabgaben.

Aufgabe 36

Welche Maßnahme schafft in Deutschland soziale Sicherheit?

- ☐ die Krankenversicherung ✓
- ☐ die Autoversicherung
- ☐ die Gebäudeversicherung
- ☐ die Haftpflichtversicherung

Erläuterung zur Antwort

Die Krankenversicherung ist Teil des Systems der sozialen Sicherung in Deutschland.

Aufgabe 37

Wie werden die Regierungschefinnen/Regierungschefs der meisten Bundesländer in Deutschland genannt?

- ☐ Erste Ministerin/Erster Minister
- ☐ Premierministerin/Premierminister
- ☐ Senatorin/Senator
- ☐ Ministerpräsidentin/Ministerpräsident ✓

> Erläuterung zur Antwort
>
> Die heutige Amtsbezeichnung einer Regierungschefin/Regierungschef der Bundesländer lautet in den Flächenstaaten (meisten Bundesländern) »Ministerpräsident/ Ministerpräsidentin«.

Aufgabe 38

Die Bundesrepublik Deutschland ist ein demokratischer und sozialer …

- ☐ Staatenverbund.
- ☐ Bundesstaat. ✓
- ☐ Staatenbund.
- ☐ Zentralstaat.

> Erläuterung zur Antwort
>
> Die Bundesrepublik Deutschland ist ein Bundesstaat (Artikel 20 Absatz 1 des Grundgesetzes). Das bedeutet, dass die Bundesrepublik in Bund und Länder gegliedert ist (Bundesstaatsprinzip). Bund und Länder haben hierbei eigene Zuständigkeiten und Aufgaben, die im Grundgesetz geregelt sind.

Aufgabe 39

Was hat jedes deutsche Bundesland?

- ☐ eine eigene Außenministerin/einen eigenen Außenminister
- ☐ eine eigene Währung
- ☐ eine eigene Armee
- ☐ eine eigene Regierung ✓

> Erläuterung zur Antwort
>
> Jedes Bundesland hat eine eigene Regierung. Eine Landesregierung besteht aus einem Regierungschef und Ministerinnen und Ministern. Der Regierungschef wird vom Landesparlament gewählt.

Aufgabe 40

Mit welchen Worten beginnt die deutsche Nationalhymne?

- ☐ Völker, hört die Signale …
- ☐ Einigkeit und Recht und Freiheit … ✓
- ☐ Freude schöner Götterfunken …
- ☐ Deutschland einig Vaterland …

Erläuterung zur Antwort

Das Lied der Deutschen, auch Deutschlandlied genannt, wurde von August Heinrich Hoffmann von Fallersleben am 26. August 1841 auf Helgoland gedichtet. Das Lied wurde immer mehr zum Bekenntnislied eines sich nach "Einigkeit und Recht und Freiheit" sehnenden Volkes.

Aufgabe 41

Warum gibt es in einer Demokratie mehr als eine Partei?

- ☐ weil dadurch die unterschiedlichen Meinungen der Bürgerinnen und Bürger vertreten werden ✓
- ☐ damit Bestechung in der Politik begrenzt wird
- ☐ um politische Demonstrationen zu verhindern
- ☐ um wirtschaftlichen Wettbewerb anzuregen

Erläuterung zur Antwort

Das Mehrparteiensystem ist ein politisches System, in dem zumindest denkbar mehrere Parteien die Politik dieses Landes, insbesondere durch Regierungsbeteiligung, lenken können. Damit erhöht sich die Chance, den politischen Willen des Volkes durch verschiedene Parteien oder aber durch verschiedene Fraktionen und Verbände innerhalb einer Partei abzubilden.

Aufgabe 42

Wer beschließt in Deutschland ein neues Gesetz?

- ☐ die Regierung
- ☐ das Parlament ✓
- ☐ die Gerichte
- ☐ die Polizei

Erläuterung zur Antwort

Nach Art. 77 Abs. 1 GG werden die Bundesgesetze vom Bundestag (dem Parlament) beschlossen und anschließend dem Bundesrat zugeleitet.

Aufgabe 43

Wann kann in Deutschland eine Partei verboten werden?

- ☐ wenn ihr Wahlkampf zu teuer ist
- ☐ wenn sie gegen die Verfassung kämpft ✓
- ☐ wenn sie Kritik am Staatsoberhaupt äußert
- ☐ wenn ihr Programm eine neue Richtung vorschlägt

Erläuterung zur Antwort

Eine Partei kann nur dann verboten werden, wenn sie nicht nur eine verfassungsfeindliche Haltung vertritt, sondern diese Haltung auch in aktiv-kämpferischer, aggressiver Weise umsetzen will.

Aufgabe 44

Wen kann man als Bürgerin/Bürger in Deutschland <u>nicht</u> direkt wählen?

- ☐ Abgeordnete des EU-Parlaments
- ☐ Die Bundespräsidentin/den Bundespräsidenten ✓
- ☐ Landtagsabgeordnete
- ☐ Bundestagsabgeordnete

Erläuterung zur Antwort

In Deutschland wird der Bundespräsident indirekt gewählt, durch die Bundesversammlung.

Aufgabe 45

Zu welcher Versicherung gehört die Pflegeversicherung?

- ☐ Sozialversicherung ✓
- ☐ Unfallversicherung
- ☐ Hausratsversicherung
- ☐ Haftpflicht- und Feuerversicherung

Erläuterung zur Antwort

Die Pflegeversicherung wurde am 1. Januar 1995 als eigenständiger Zweig der Sozialversicherung eingeführt. Es gilt eine umfassende Versicherungspflicht für alle gesetzlich und privat Versicherten.

Aufgabe 46

Der deutsche Staat hat viele Aufgaben. Welche Aufgabe gehört dazu?

- ☐ Er baut Straßen und Schulen. ✓
- ☐ Er verkauft Lebensmittel und Kleidung.
- ☐ Er versorgt alle Einwohnerinnen und Einwohner kostenlos mit Zeitungen.
- ☐ Er produziert Autos und Busse.

> Erläuterung zur Antwort
>
> Staatsaufgaben umfassen die Aufrechterhaltung von Sicherheit und Ordnung, die Förderung von Bildung und Gesundheit und die Bereitstellung von Infrastruktur.

Aufgabe 47

Der deutsche Staat hat viele Aufgaben. Welche Aufgabe gehört <u>nicht</u> dazu?

- ☐ Er bezahlt für alle Staatsangehörigen Urlaubsreisen. ✓
- ☐ Er zahlt Kindergeld.
- ☐ Er unterstützt Museen.
- ☐ Er fördert Sportlerinnen und Sportler.

> Erläuterung zur Antwort
>
> siehe Antwort der Frage 46

Aufgabe 48

Welches Organ gehört <u>nicht</u> zu den Verfassungsorganen Deutschlands?

- ☐ der Bundesrat
- ☐ die Bundespräsidentin/der Bundespräsident
- ☐ die Bürgerversammlung ✓
- ☐ die Regierung

> Erläuterung zur Antwort
>
> Ein Verfassungsorgan ist ein staatliches Organ, das unmittelbar durch die Verfassung eingesetzt wird. Dazu gehört u.a. die Regierung, der Bundesrat sowie der Bundespräsident / die Bundespräsidentin. Die Bürgerversammlung gehört jedoch nicht dazu.

Aufgabe 49

Wer bestimmt in Deutschland die Schulpolitik?

- ☐ die Lehrer und Lehrerinnen
- ☐ die Bundesländer ✓
- ☐ das Familienministerium
- ☐ die Universitäten

Erläuterung zur Antwort

Der Föderalismus in der Bildungspolitik führt dazu, dass jedes Land seine eigene Schulpolitik betreibt.

Aufgabe 50

Die Wirtschaftsform in Deutschland nennt man …

- ☐ freie Zentralwirtschaft.
- ☐ soziale Marktwirtschaft. ✓
- ☐ gelenkte Zentralwirtschaft.
- ☐ Planwirtschaft.

Erläuterung zur Antwort

Die *Soziale Marktwirtschaft* ist die Wirtschaftsordnung Deutschlands. Eingriffe des Staates verhindern, dass soziale Ungerechtigkeiten entstehen.

Aufgabe 51

Zu einem demokratischen Rechtsstaat gehört es nicht, dass …

- ☐ Menschen sich kritisch über die Regierung äußern können.
- ☐ Bürger friedlich demonstrieren gehen dürfen.
- ☐ Menschen von einer Privatpolizei ohne Grund verhaftet werden. ✓
- ☐ jemand ein Verbrechen begeht und deshalb verhaftet wird.

Erläuterung zur Antwort

Rechtsstaatlichkeit bedeutet, dass Regierung und Verwaltung nur im Rahmen bestehender Gesetze handeln dürfen. Die Bürgerinnen und Bürger werden so vor staatlicher Willkür, Diskriminierung und Menschenrechtsverletzungen geschützt.

Aufgabe 52

Was bedeutet "Volkssouveränität"? Alle Staatsgewalt geht vom ...

- ☐ Volke aus. ✓
- ☐ Bundestag aus.
- ☐ preußischen König aus.
- ☐ Bundesverfassungsgericht aus.

Erläuterung zur Antwort

Die Volkssouveränität ist ein politisches Prinzip, das besagt, dass die höchste Gewalt vom Volk ausgeht und durch dessen direkte oder mittelbare Partizipation legitimiert ist (»Alle Staatsgewalt geht vom Volke aus. «, Art. 20 Abs. 2 GG).

Aufgabe 53

Was bedeutet "Rechtsstaat" in Deutschland?

- ☐ Der Staat hat Recht.
- ☐ Es gibt nur rechte Parteien.
- ☐ Die Bürgerinnen und Bürger entscheiden über Gesetze.
- ☐ Der Staat muss die Gesetze einhalten. ✓

> Erläuterung zur Antwort
>
> Ein Rechtsstaat ist ein Staat, der einerseits allgemein verbindliches Recht schafft und andererseits seine eigenen Organe zur Ausübung der staatlichen Gewalt an das Recht bindet.

Aufgabe 54

Was ist <u>keine</u> staatliche Gewalt in Deutschland?

- ☐ Legislative
- ☐ Judikative
- ☐ Exekutive
- ☐ Direktive ✓

> Erläuterung zur Antwort
>
> Die staatliche Gewalt ist in mehrere Gewalten aufgeteilt: Die legislative (gesetzgebende), die exekutive (vollziehende) und die judikative (Recht sprechende) Gewalt sollen sich gegenseitig kontrollieren und staatliche Macht begrenzen.

Aufgabe 55

Was zeigt dieses Bild?

- ☐ den Bundestagssitz in Berlin ✓
- ☐ das Bundesverfassungsgericht in Karlsruhe
- ☐ das Bundesratsgebäude in Berlin
- ☐ das Bundeskanzleramt in Berlin

Erläuterung zur Antwort

Der Deutsche Bundestag hat seinen Sitz seit 1999 im Reichstagsgebäude im Berliner Bezirk Mitte.

Aufgabe 56

Welches Amt gehört in Deutschland zur Gemeindeverwaltung?

- ☐ Pfarramt
- ☐ Ordnungsamt ✓
- ☐ Finanzamt
- ☐ Auswärtiges Amt

Erläuterung zur Antwort

Das Ordnungsamt gehört zur Verwaltung einer Stadt oder einer Gemeinde. Auch wenn die Aufgaben des Ordnungsamtes je nach Gemeinde oder Bundesland unterschiedlich sind, so ist es doch überall für die öffentliche Ordnung und Sicherheit zuständig.

Aufgabe 57

Wer wird meistens zur Präsidentin/zum Präsidenten des Deutschen Bundestages gewählt?

- ☐ die/der älteste Abgeordnete im Parlament ✓
- ☐ die Ministerpräsidentin/der Ministerpräsident des größten Bundeslandes
- ☐ eine ehemalige Bundeskanzlerin/ein ehemaliger Bundeskanzler
- ☐ eine Abgeordnete/ein Abgeordneter der stärksten Fraktion

Aufgabe 58

Wer ernennt in Deutschland die Ministerinnen/die Minister der Bundesregierung?

- ☐ die Präsidentin/der Präsident des Bundesverfassungsgerichtes
- ☐ die Bundespräsidentin/der Bundespräsident ✓
- ☐ die Bundesratspräsidentin/der Bundesratspräsident
- ☐ die Bundestagspräsidentin/der Bundestagspräsident

Erläuterung zur Antwort

Der Bundespräsident schlägt dem Bundestag den Bundeskanzler zur Wahl vor und ernennt den Gewählten. Er wirkt so an der Regierungsbildung mit (Artikel 63 GG).

Aufgabe 59

Vor wie vielen Jahren gab es erstmals eine jüdische Gemeinde auf dem Gebiet des heutigen Deutschlands?

- ☐ vor etwa 300 Jahren
- ☐ vor etwa 700 Jahren
- ☐ vor etwa 1150 Jahren
- ☐ vor etwa 1700 Jahren ✓

Aufgabe 60

In Deutschland gehören der Bundestag und der Bundesrat zur ...

- ☐ Exekutive.
- ☐ Legislative. ✓
- ☐ Direktive.
- ☐ Judikative.

Erläuterung zur Antwort
Die Legislative ist die gesetzgebende Gewalt. Sie steht in einer repräsentativen Demokratie mit Gewaltenteilung dem Parlament zu. In der Bundesrepublik ist das der Bundestag. Die wichtigsten Aufgaben der gesetzgebenden Gewalt sind die Gesetzgebung und die Kontrolle der Bundesregierung, der Exekutive.

Aufgabe 61

Was bedeutet "Volkssouveränität"?

- ☐ Die Königin/der König herrscht über das Volk.
- ☐ Das Bundesverfassungsgericht steht über der Verfassung.
- ☐ Die Interessenverbände üben die Souveränität zusammen mit der Regierung aus.
- ☐ Die Staatsgewalt geht vom Volke aus. ✓

Aufgabe 62

Wenn das Parlament eines deutschen Bundeslandes gewählt wird, nennt man das ...

- ☐ Kommunalwahl
- ☐ Landtagswahl ✓
- ☐ Europawahl
- ☐ Bundestagswahl

Aufgabe 63

Was gehört in Deutschland nicht zur Exekutive?

- ☐ die Polizei
- ☐ die Gerichte ✓
- ☐ das Finanzamt
- ☐ die Ministerien

Erläuterung zur Antwort

Die Judikative, auch Justiz oder richterliche Gewalt genannt, ist die Gewaltenteilung, die für die Rechtsprechung zuständig ist. Ihre Hauptaufgabe besteht darin, das Recht anzuwenden und zu interpretieren sowie Streitigkeiten zu entscheiden.

Aufgabe 64

Die Bundesrepublik Deutschland ist heute gegliedert in ...

- ☐ vier Besatzungszonen.
- ☐ einen Oststaat und einen Weststaat.
- ☐ 16 Kantone.
- ☐ Bund, Länder und Kommunen. ✓

Aufgabe 65

Es gehört nicht zu den Aufgaben des Deutschen Bundestages, ...

- ☐ Gesetze zu entwerfen.
- ☐ die Bundesregierung zu kontrollieren.
- ☐ die Bundeskanzlerin/den Bundeskanzler zu wählen.
- ☐ das Bundeskabinett zu bilden. ✓

Erläuterung zur Antwort

Das Bundeskabinett besteht neben dem Kanzler oder der Kanzlerin seit der Bundestagswahl 2021 aus 15 Fachministern und Fachministerinnen.

Aufgabe 66

Welche Städte haben die größten jüdischen Gemeinden in Deutschland?

- ☐ Berlin und München ✓
- ☐ Hamburg und Essen
- ☐ Nürnberg und Stuttgart
- ☐ Worms und Speyer

Erläuterung zur Antwort

Als Stadt hat München mit 9135 die meisten jüdischen Gemeindemitglieder, gefolgt von Berlin (8286), Düsseldorf (6565) und Frankfurt (6379).

Aufgabe 67

Was ist in Deutschland vor allem eine Aufgabe der Bundesländer?

- ☐ Verteidigungspolitik
- ☐ Außenpolitik
- ☐ Wirtschaftspolitik
- ☐ Schulpolitik ✓

Erläuterung zur Antwort

Laut Grundgesetz ist Bildungspolitik Ländersache. Für die Schulbildung und die Verwaltung der Schulen sind auf Länderebene die Kultusministerien zuständig.

Aufgabe 68

Warum kontrolliert der Staat in Deutschland das Schulwesen?

- ☐ weil es in Deutschland nur staatliche Schulen gibt
- ☐ weil alle Schülerinnen und Schüler einen Schulabschluss haben müssen
- ☐ weil es in den Bundesländern verschiedene Schulen gibt
- ☐ weil es nach dem Grundgesetz seine Aufgabe ist ✓

Erläuterung zur Antwort

Das gesamte Schulwesen steht unter der Aufsicht des Staates (Artikel 7 Abs. 1 Grundgesetz).

Aufgabe 69

Die Bundesrepublik Deutschland hat einen dreistufigen Verwaltungsaufbau. Wie heißt die unterste politische Stufe?

- ☐ Stadträte
- ☐ Landräte
- ☐ Gemeinden ✓
- ☐ Bezirksämter

Erläuterung zur Antwort

Im föderalen System der Bundesrepublik Deutschland stellen die Gemeinden nach dem Bund und den Ländern die unterste Verwaltungsebene dar.

Aufgabe 70

Was gehört zu den Aufgaben der deutschen Bundespräsidentin/des deutschen Bundespräsidenten?

- ☐ Sie/Er führt die Regierungsgeschäfte.
- ☐ Sie/Er kontrolliert die Regierungspartei.
- ☐ Sie/Er wählt die Ministerinnen/Minister aus.
- ☐ Sie/Er schlägt die Kanzlerin/den Kanzler zur Wahl vor. ✓

Erläuterung zur Antwort

Der Bundespräsident schlägt dem Bundestag den Bundeskanzler zur Wahl vor und ernennt den Gewählten. Er wirkt so an der Regierungsbildung mit.

Die Bundespräsidenten der Bundesrepublik Deutschland seit 1949

Aufgabe 71

Wo hält sich die deutsche Bundeskanzlerin/der deutsche Bundeskanzler am häufigsten auf? Am häufigsten ist sie/er …

- ☐ in Bonn, weil sich dort das Bundeskanzleramt und der Bundestag befinden.
- ☐ auf Schloss Meseberg, dem Gästehaus der Bundesregierung, um Staatsgäste zu empfangen.
- ☐ auf Schloss Bellevue, dem Amtssitz der Bundespräsidentin/des Bundespräsidenten, um Staatsgäste zu empfangen.
- ☐ in Berlin, weil sich dort das Bundeskanzleramt und der Bundestag befinden. ✓

Aufgabe 72

Wie heißt der jetzige Bundeskanzler / die jetzige Bundeskanzlerin von Deutschland?

- ☐ Gerhard Schröder
- ☐ Angela Merkel
- ☐ Franziska Giffey
- ☐ Olaf Scholz ✓

Erläuterung zur Antwort

Olaf Scholz (geboren am 14. Juni 1958 in Osnabrück) ist ein deutscher Politiker (Sozialdemokratischen Partei Deutschlands (SPD)). Er ist seit dem 8. Dezember 2021 der neunte Bundeskanzler der Bundesrepublik Deutschland. Im Dezember 2024 stellte er die Vertrauensfrage. Die Neuwahlen werden im Februar 2025 stattfinden.

Aufgabe 73

Die beiden größten Fraktionen im Deutschen Bundestag heißen zurzeit …

- ☐ CDU/CSU und SPD. ✓
- ☐ Die Linke und Bündnis 90/Die Grünen.
- ☐ FDP und SPD.
- ☐ Die Linke und FDP.

Erläuterung zur Antwort

Am 26. September 2021 wählte die deutsche Bevölkerung den 20. Deutschen Bundestag. Insgesamt betrug die Anzahl der Abgeordneten im 20. Parlament 736 Personen, reduzierte sich in der Legislaturperiode durch die Wahlwiederholung in Teilen Berlins jedoch auf 733 Abgeordnete. Dabei war die SPD mit 207 Abgeordneten die stärkste Fraktion im Deutschen Bundestag, gefolgt von der Union aus CDU und CSU sowie Bündnis 90/ Die Grünen. Im Februar 2025 findet die nächste Bundestagswahl statt.

Aufgabe 74

Wie heißt das Parlament für ganz Deutschland?

- ☐ Bundesversammlung
- ☐ Volkskammer
- ☐ Bundestag ✓
- ☐ Bundesgerichtshof

Erläuterung zur Antwort

Der Deutsche Bundestag ist das Parlament und somit das gesetzgebende Organ der Bundesrepublik Deutschland mit Sitz in Berlin. Der Bundestag wird im politischen System Deutschlands als einziges Verfassungsorgan des Bundes unmittelbar vom Staatsvolk, den deutschen Staatsbürgern, gewählt.

Aufgabe 75

Wie heißt Deutschlands heutiges Staatsoberhaupt?

- ☐ Frank-Walter Steinmeier ✓
- ☐ Bärbel Bas
- ☐ Bodo Ramelow
- ☐ Joachim Gauck

Erläuterung zur Antwort

Frank-Walter Steinmeier ist seit dem 19. März 2017 der zwölfte Bundespräsident der Bundesrepublik Deutschland. Am 13. Februar 2022 wurde er für eine zweite Amtszeit wiedergewählt, die mit dem 18. März 2027 endet.

Aufgabe 76

Was bedeutet die Abkürzung CDU in Deutschland?

- ☐ Christliche Deutsche Union
- ☐ Club Deutscher Unternehmer
- ☐ Christlicher Deutscher Umweltschutz
- ☐ Christlich Demokratische Union ✓

Erläuterung zur Antwort

Die Christlich Demokratische Union Deutschlands (CDU) ist eine zwischen 1945 und 1950 gegründete, christdemokratische, konservative und wirtschaftsliberale Partei in Deutschland.

Aufgabe 77

Was ist die Bundeswehr?

- ☐ die deutsche Polizei
- ☐ ein deutscher Hafen
- ☐ eine deutsche Bürgerinitiative
- ☐ die deutsche Armee ✓

Erläuterung zur Antwort
Die Bundeswehr ist die Armee Deutschlands. In ihr dienen Soldaten und zivile Beschäftigte. Sie alle unterstehen dem Verteidigungsminister.

Aufgabe 78

Was bedeutet die Abkürzung SPD?

- ☐ Sozialistische Partei Deutschlands
- ☐ Sozialpolitische Partei Deutschlands
- ☐ Sozialdemokratische Partei Deutschlands ✓
- ☐ Sozialgerechte Partei Deutschlands

Erläuterung zur Antwort
Die Sozialdemokratische Partei Deutschlands (SPD) ist eine politische Partei. Als erste Vorläufer der Partei gelten der 1863 gegründete Allgemeine Deutsche Arbeiterverein und die 1869 gegründete Sozialdemokratische Arbeiterpartei, die sich 1875 zur Sozialistischen Arbeiterpartei Deutschlands zusammenschlossen. Ihren heutigen Namen gab sich die Partei 1890. Sie gilt als älteste noch bestehende Partei Deutschlands.

Aufgabe 79

Was bedeutet die Abkürzung FDP in Deutschland?

- ☐ Friedliche Demonstrative Partei
- ☐ Freie Deutschland Partei
- ☐ Führende Demokratische Partei
- ☐ Freie Demokratische Partei ✓

Erläuterung zur Antwort
Die Freie Demokratische Partei (FDP) ist eine am 12. Dezember 1948 in Heppenheim gegründete, liberale Partei in Deutschland.

Aufgabe 80

Welches Gericht in Deutschland ist zuständig für die Auslegung des Grundgesetzes?

- ☐ Oberlandesgericht
- ☐ Amtsgericht
- ☐ Bundesverfassungsgericht ✓
- ☐ Verwaltungsgericht

Erläuterung zur Antwort

Das Bundesverfassungsgericht wacht über die Einhaltung des Grundgesetzes. Im Streitfall legt es letztverbindlich die Verfassung aus. Es bestimmt damit Zuständigkeiten und Grenzen für das Handeln des Staates. Besondere Bedeutung hat es für die Durchsetzung der Grundrechte.

Aufgabe 81

Wer wählt die Bundeskanzlerin/den Bundeskanzler in Deutschland?

- ☐ der Bundesrat
- ☐ die Bundesversammlung
- ☐ das Volk
- ☐ der Bundestag ✓

Erläuterung zur Antwort

Die Wahl der Bundeskanzlerin oder des Bundeskanzlers läuft nach Artikel 63 des Grundgesetzes (GG) ab. Danach wird der Bundeskanzler auf Vorschlag des Bundespräsidenten vom Bundestag ohne Aussprache gewählt.

Aufgabe 82

Wer leitet das deutsche Bundeskabinett?

- ☐ die Bundestagspräsidentin/der Bundestagspräsident
- ☐ die Bundespräsidentin/der Bundespräsident
- ☐ die Bundesratspräsidentin/der Bundesratspräsident
- ☐ die Bundeskanzlerin/der Bundeskanzler ✓

Erläuterung zur Antwort

Der Bundeskanzler hat eine hervorgehobene Stellung in der Regierung. Er bestimmt, wer Mitglied der Regierung (Minister) werden soll, da ihm allein das Recht zur Kabinettsbildung zusteht.

Aufgabe 83

Wer wählt die deutsche Bundeskanzlerin/den deutschen Bundeskanzler?

- ☐ das Volk
- ☐ die Bundesversammlung
- ☐ der Bundestag ✓
- ☐ die Bundesregierung

Aufgabe 84

Welche Hauptaufgabe hat die deutsche Bundespräsidentin/der deutsche Bundespräsident? Sie/Er …

- ☐ regiert das Land.
- ☐ entwirft die Gesetze.
- ☐ repräsentiert das Land. ✓
- ☐ überwacht die Einhaltung der Gesetze.

Erläuterung zur Antwort

Die Funktionen des Amtes des Bundespräsidenten sind durch das Grundgesetz (Art. 54–61) definiert.

Aufgabe 85

Wer bildet den deutschen Bundesrat?

- ☐ die Abgeordneten des Bundestages
- ☐ die Ministerinnen und Minister der Bundesregierung
- ☐ die Regierungsvertreter der Bundesländer ✓
- ☐ die Parteimitglieder

Erläuterung zur Antwort

Der Bundesrat ist das Verfassungsorgan, über den die 16 Länder insbesondere an der Gesetzgebung auf Bundesebene mitwirken. Im Bundesrat sitzen Mitglieder der Landesregierungen – also die Ministerpräsidentinnen und -präsidenten, Minister und Ministerinnen der Länder bzw. die Bürgermeister sowie Senatorinnen und Senatoren der Stadtstaaten.

Aufgabe 86

Wer wählt in Deutschland die Bundespräsidentin/den Bundespräsidenten?

- ☐ die Bundesversammlung ✓
- ☐ der Bundesrat
- ☐ das Bundesparlament
- ☐ das Bundesverfassungsgericht

Erläuterung zur Antwort
Die Bundesversammlung ist die größte parlamentarische Versammlung der Bundesrepublik. Sie kommt in der Regel alle fünf Jahre zusammen, um den Bundespräsidenten zu wählen. Die Bundesversammlung besteht aus den Abgeordneten des Bundestages und ebenso vielen Mitgliedern, die von den Landesparlamenten nach den Grundsätzen der Verhältniswahl gewählt werden. Die Zahl der von den einzelnen Landesparlamenten zu wählenden Mitgliedern hängt von den Bevölkerungszahlen der Länder ab.

Aufgabe 87

Wer ist das Staatsoberhaupt der Bundesrepublik Deutschland?

- ☐ die Bundeskanzlerin/der Bundeskanzler
- ☐ die Bundespräsidentin/der Bundespräsident ✓
- ☐ die Bundesratspräsidentin/der Bundesratspräsident
- ☐ die Bundestagspräsidentin/der Bundestagspräsident

Erläuterung zur Antwort
Das Staatsoberhaupt der Bundesrepublik Deutschland ist der Bundespräsident. Er wird von der Bundesversammlung gewählt.

Aufgabe 88

Die parlamentarische Opposition im Deutschen Bundestag …

- ☐ kontrolliert die Regierung. ✓
- ☐ entscheidet, wer Bundesministerin/Bundesminister wird.
- ☐ bestimmt, wer im Bundesrat sitzt.
- ☐ schlägt die Regierungschefinnen/Regierungschefs der Länder vor.

Erläuterung zur Antwort
Die politische Opposition ist ein wesentliches Element moderner Demokratien, da sie die parlamentarischen Kontrollaufgaben gegenüber der Exekutive wahrnimmt.

Aufgabe 89

Wie nennt man in Deutschland die Vereinigung von Abgeordneten einer Partei im Parlament?

- ☐ Verband
- ☐ Ältestenrat
- ☐ Fraktion ✓
- ☐ Opposition

Erläuterung zur Antwort

Fraktionen sind als Zusammenschlüsse von Abgeordneten für die gesamte Parlamentsarbeit wesentlich und bereiten Entscheidungen des Bundestages vor.

Aufgabe 90

Die deutschen Bundesländer wirken an der Gesetzgebung des Bundes mit durch …

- ☐ den Bundesrat. ✓
- ☐ die Bundesversammlung.
- ☐ den Bundestag.
- ☐ die Bundesregierung.

Erläuterung zur Antwort

Über den Bundesrat wirken die Länder bei der Gesetzgebung und Verwaltung des Bundes sowie in Angelegenheiten der Europäischen Union mit. Jedes Land ist durch Mitglieder seiner Landesregierung im Bundesrat vertreten.

Aufgabe 91

In Deutschland kann ein Regierungswechsel in einem Bundesland Auswirkungen auf die Bundespolitik haben. Das Regieren wird …

- ☐ schwieriger, wenn sich dadurch die Mehrheit im Bundestag ändert.
- ☐ leichter, wenn dadurch neue Parteien in den Bundesrat kommen.
- ☐ schwieriger, wenn dadurch die Mehrheit im Bundesrat verändert wird. ✓
- ☐ leichter, wenn es sich um ein reiches Bundesland handelt.

Aufgabe 92

Was bedeutet die Abkürzung CSU in Deutschland?

- ☐ Christlich Sichere Union
- ☐ Christlich Süddeutsche Union
- ☐ Christlich Sozialer Unternehmerverband
- ☐ Christlich Soziale Union ✓

> Erläuterung zur Antwort
>
> Die Christlich-Soziale Union in Bayern e. V. ist die drittgrößte politische Partei in Deutschland und dominiert als Landespartei die bayerische Politik. Sie wird im politischen Spektrum mittig-rechts verortet und wurde nach Ende des 2. Weltkriegs im Jahr 1945 gegründet.

Aufgabe 93

Je mehr "Zweitstimmen" eine Partei bei einer Bundestagswahl bekommt, desto ...

- ☐ weniger Erststimmen kann sie haben.
- ☐ mehr Direktkandidaten der Partei ziehen ins Parlament ein.
- ☐ größer ist das Risiko, eine Koalition bilden zu müssen.
- ☐ mehr Sitze erhält die Partei im Parlament. ✓

> Erläuterung zur Antwort
>
> Die Zahl der Zweitstimmen für eine Partei entscheidet darüber, mit wie vielen Abgeordneten diese Partei im Bundestag vertreten sein wird.

Aufgabe 94

Ab welchem Alter darf man in Deutschland an der Wahl zum Deutschen Bundestag teilnehmen?

- ☐ 16
- ☐ 18 ✓
- ☐ 21
- ☐ 23

> Erläuterung zur Antwort
>
> Wahlberechtigt und wählbar zum Deutschen Bundestag sind alle mindestens 18 Jahre alten Deutschen im Sinne des Artikels 116 Absatz 1 Grundgesetz (GG).

Aufgabe 95

Was gilt für die meisten Kinder in Deutschland?

- ☐ Wahlpflicht
- ☐ Schulpflicht ✓
- ☐ Schweigepflicht
- ☐ Religionspflicht

Erläuterung zur Antwort
Die gesetzliche Schulpflicht besteht in Deutschland vom 6. bis zum 18. Lebensjahr. Die Pflicht, Vollzeit die Schule zu besuchen, dauert bis zur 9. oder 10.

Aufgabe 96

Wie kann jemand, der den Holocaust leugnet, bestraft werden?

- ☐ Kürzung sozialer Leistungen
- ☐ bis zu 100 Sozialstunden
- ☐ gar nicht, Holocaustleugnung ist erlaubt
- ☐ mit Freiheitsstrafe bis zu fünf Jahren oder mit Geldstrafe ✓

Erläuterung zur Antwort
Wer den Holocaust öffentlich oder in einer Versammlung leugnet, verharmlost oder billigt, stört den öffentlichen Frieden. Nach Paragraf 130 („Volksverhetzung") des Strafgesetzbuches drohen Tätern bis zu fünf Jahre Haft oder Geldstrafe.

Aufgabe 97

Was bezahlt man in Deutschland automatisch, wenn man fest angestellt ist?

- ☐ Sozialversicherung ✓
- ☐ Sozialhilfe
- ☐ Kindergeld
- ☐ Wohngeld

Erläuterung zur Antwort
In der Renten-, Pflege-, Unfall- und Arbeitslosenversicherung (Sozialversicherung) sind Sie als Arbeitnehmerin oder Arbeitnehmer automatisch Mitglied.

Aufgabe 98

Wenn Abgeordnete im Deutschen Bundestag ihre Fraktion wechseln, ...

- ☐ dürfen sie nicht mehr an den Sitzungen des Parlaments teilnehmen.
- ☐ kann die Regierung ihre Mehrheit verlieren. ✓
- ☐ muss die Bundespräsidentin/der Bundespräsident zuvor ihr/sein Einverständnis geben.
- ☐ dürfen die Wählerinnen/Wähler dieser Abgeordneten noch einmal wählen.

Erläuterung zur Antwort

Wenn ein Abgeordneter / eine Abgeordnete seine / ihre Fraktion wechselt, dann können sich die Mehrheitsverhältnisse im Bundestag verschieben. Dadurch könnte die Bundesregierung ihre Mehrheit verlieren.

Die Abgeordneten dürfen weiterhin am den Parlamentssitzungen teilnehmen und benötigen auch keine Erlaubnis des Bundespräsidenten / der Bundespräsidentin, da die Abgeordneten an keine Weisungen gebunden sind nur ihrem eigenen Gewissen unterworfen sind (Grundgesetz, Art 38).

Aufgabe 99

Wer bezahlt in Deutschland die Sozialversicherungen?

- ☐ Arbeitgeberinnen/Arbeitgeber und Arbeitnehmerinnen/Arbeitnehmer ✓
- ☐ nur Arbeitnehmerinnen/Arbeitnehmer
- ☐ alle Staatsangehörigen
- ☐ nur Arbeitgeberinnen/Arbeitgeber

Aufgabe 100

Was gehört nicht zur gesetzlichen Sozialversicherung?

- ☐ die Lebensversicherung ✓
- ☐ die gesetzliche Rentenversicherung
- ☐ die Arbeitslosenversicherung
- ☐ die Pflegeversicherung

Aufgabe 101

Gewerkschaften sind Interessenverbände der ...

- ☐ Jugendlichen.
- ☐ Arbeitnehmerinnen und Arbeitnehmer. ✓
- ☐ Rentnerinnen und Rentner.
- ☐ Arbeitgeberinnen und Arbeitgeber.

Erläuterung zur Antwort

Gewerkschaften sind Vereinigungen von Arbeitnehmer einer bestimmten Branche oder eines Berufsfeldes, die sich für die Interessen der branchenangehörigen Angestellten einsetzen. Das Recht aller Angestellten zur Bildung von Gewerkschaften ist in Artikel 9 des Grundgesetzes verankert.

Aufgabe 102

Womit kann man in der Bundesrepublik Deutschland geehrt werden, wenn man auf politischem, wirtschaftlichem, kulturellem, geistigem oder sozialem Gebiet eine besondere Leistung erbracht hat? Mit dem ...

- ☐ Bundesverdienstkreuz ✓
- ☐ Bundesadler
- ☐ Vaterländischen Verdienstorden
- ☐ Ehrentitel "Held der Deutschen Demokratischen Republik"

Erläuterung zur Antwort

Der Verdienstorden der Bundesrepublik Deutschland, verkürzt Bundesverdienstkreuz genannt, ist die einzige allgemeine Verdienstauszeichnung der Bundesrepublik Deutschland. Er wird für besondere Leistungen auf politischem, wirtschaftlichem, kulturellem, geistigem oder ehrenamtlichem Gebiet verliehen.

Aufgabe 103

Was wird in Deutschland als "Ampelkoalition" bezeichnet? Die Zusammenarbeit ...

- ☐ der Bundestagsfraktionen von CDU und CSU
- ☐ von SPD, FDP und Bündnis 90/Die Grünen in einer Regierung ✓
- ☐ von CSU, Die LINKE und Bündnis 90/Die Grünen in einer Regierung
- ☐ der Bundestagsfraktionen von CDU und SPD

Aufgabe 104

Eine Frau in Deutschland verliert ihre Arbeit. Was darf nicht der Grund für diese Entlassung sein?

- ☐ Die Frau ist lange krank und arbeitsunfähig.
- ☐ Die Frau kam oft zu spät zur Arbeit.
- ☐ Die Frau erledigt private Sachen während der Arbeitszeit.
- ☐ Die Frau bekommt ein Kind und ihr Chef weiß das. ✓

Erläuterung zur Antwort

Schon ab der Einsetzung der befruchteten Eizelle und nicht erst ab erfolgreicher Einnistung greift das Kündigungsverbot des § 9 Absatz 1 Satz 1 Mutterschutzgesetz.

Aufgabe 105

Was ist eine Aufgabe von Wahlhelferinnen/Wahlhelfern in Deutschland?

- ☐ Sie helfen alten Menschen bei der Stimmabgabe in der Wahlkabine.
- ☐ Sie schreiben die Wahlbenachrichtigungen vor der Wahl.
- ☐ Sie geben Zwischenergebnisse an die Medien weiter.
- ☐ Sie zählen die Stimmen nach dem Ende der Wahl. ✓

Erläuterung zur Antwort

Zur Durchführung von Wahlen sind Wahlhelferinnen und Wahlhelfer unerlässlich. Sie bilden das Fundament der Selbstorganisation der Wahl durch das Volk und sind daher die wichtigsten Träger des Wahlverfahrens. Eines der wesentlichen Aufgaben ist die Auszählung der Stimmen nach der Wahl.

Aufgabe 106

In Deutschland helfen ehrenamtliche Wahlhelferinnen und Wahlhelfer bei den Wahlen. Was ist eine Aufgabe von Wahlhelferinnen/Wahlhelfern?

- ☐ Sie helfen Kindern und alten Menschen beim Wählen.
- ☐ Sie schreiben Karten und Briefe mit der Angabe des Wahllokals.
- ☐ Sie geben Zwischenergebnisse an Journalisten weiter.
- ☐ Sie zählen die Stimmen nach dem Ende der Wahl. ✓

Aufgabe 107

Für wie viele Jahre wird der Bundestag in Deutschland gewählt?

- ☐ 2 Jahre
- ☐ 4 Jahre ✓
- ☐ 6 Jahre
- ☐ 8 Jahre

Erläuterung zur Antwort

Die reguläre Wahlperiode, auch Legislaturperiode genannt, dauert in der Regel vier Jahre. Sie beginnt mit der Konstituierung des neuen Bundestages, der spätestens am 30. Tag nach der Bundestagswahl zusammenkommen muss.

Aufgabe 108

Bei einer Bundestagswahl in Deutschland darf jede/jeder wählen, die/der ...

- ☐ in der Bundesrepublik Deutschland wohnt und wählen möchte.
- ☐ Bürger der Bundesrepublik Deutschland ist und mindestens 18 Jahre alt ist. ✓
- ☐ seit mindestens 3 Jahren in der Bundesrepublik Deutschland lebt.
- ☐ Bürgerin/Bürger der Bundesrepublik Deutschland ist und mindestens 21 Jahre alt ist.

Erläuterung zur Antwort

Wahlberechtigt und wählbar zum Deutschen Bundestag sind alle mindestens 18 Jahre alten Deutschen im Sinne des Artikels 116 Absatz 1 Grundgesetz (GG).

Aufgabe 109

Wie oft gibt es normalerweise Bundestagswahlen in Deutschland?

- ☐ alle drei Jahre
- ☐ alle vier Jahre ✓
- ☐ alle fünf Jahre
- ☐ alle sechs Jahre

Aufgabe 110

Für wie viele Jahre wird der Bundestag in Deutschland gewählt?

- ☐ 2 Jahre
- ☐ 3 Jahre
- ☐ 4 Jahre ✓
- ☐ 5 Jahre

Aufgabe 111

Welche Handlung mit Bezug auf den Staat Israel ist in Deutschland verboten?

- ☐ die Politik Israels öffentlich kritisieren
- ☐ das Aufhängen einer israelischen Flagge auf dem Privatgrundstück
- ☐ eine Diskussion über die Politik Israels
- ☐ der öffentliche Aufruf zur Vernichtung Israels ✓

Erläuterung zur Antwort

Wer den Vernichtungswillen gegenüber dem jüdischen und demokratischen Staat zum Ausdruck bringen will macht sich strafbar.

Aufgabe 112

Die Wahlen in Deutschland sind …

- ☐ speziell.
- ☐ geheim. ✓
- ☐ berufsbezogen.
- ☐ geschlechtsabhängig.

Erläuterung zur Antwort

Das Wahlgeheimnis schützt den Wähler bei einer geheimen Wahl oder Abstimmung davor, dass seine Wahlentscheidung beobachtet wird oder nachträglich rekonstruiert werden kann.

Aufgabe 113

Wahlen in Deutschland gewinnt die Partei, die ...

- ☐ die meisten Stimmen bekommt. ✓
- ☐ die meisten Männer mehrheitlich gewählt haben.
- ☐ die meisten Stimmen bei den Arbeiterinnen/Arbeitern bekommen hat.
- ☐ die meisten Erststimmen für ihre Kanzlerkandidatin/ihren Kanzlerkandidaten erhalten hat.

Aufgabe 114

An demokratischen Wahlen in Deutschland teilzunehmen ist ...

- ☐ eine Pflicht.
- ☐ ein Recht. ✓
- ☐ ein Zwang.
- ☐ eine Last.

Erläuterung zur Antwort

Das Wahlrecht ist ein dem Staatsbürger gewährtes Recht, das zu den politischen Grundrechten der Bundesrepublik Deutschland gehört.

Aufgabe 115

Was bedeutet "aktives Wahlrecht" in Deutschland?

- ☐ Man kann gewählt werden.
- ☐ Man muss wählen gehen.
- ☐ Man kann wählen. ✓
- ☐ Man muss zur Auszählung der Stimmen gehen.

Erläuterung zur Antwort

Das aktive Wahlrecht ist das Recht, bei einer Wahl wählen zu können, das passive Wahlrecht ist das Recht, bei einer Wahl wählbar zu sein.

Aufgabe 119

Wenn Sie bei einer Bundestagswahl in Deutschland wählen dürfen, heißt das ...

- ☐ aktive Wahlkampagne.
- ☐ aktives Wahlverfahren.
- ☐ aktiver Wahlkampf.
- ☐ aktives Wahlrecht. ✓

Aufgabe 117

Wie viel Prozent der Zweitstimmen müssen Parteien mindestens bekommen, um in den Deutschen Bundestag gewählt zu werden?

- ☐ 3%
- ☐ 4%
- ☐ 5% ✓
- ☐ 6%

Erläuterung zur Antwort

Die Fünfprozenthürde ist eine Sperrklausel für Wahlen zum Bundestag. Nach dem Bundeswahlgesetz muss eine Partei im gesamten Bundesgebiet fünf Prozent der Zweitstimmen erreichen, um an der Mandatsverteilung im Bundestag beteiligt zu werden. Hat eine Partei weniger Stimmen, zieht sie nicht in das Parlament ein.

Aufgabe 118

Wer darf bei den rund 40 jüdischen Makkabi-Sportvereinen Mitglied werden?

- ☐ nur Deutsche
- ☐ nur Israelis
- ☐ nur religiöse Menschen
- ☐ alle Menschen ✓

Erläuterung zur Antwort

MAKKABI Deutschland e.V. ist der Dachverband der knapp 40 jüdischen Sportvereine in Deutschland. Nachdem die Nationalsozialisten die jüdischen Sportvereine auflösten, wurde MAKKABI 1965 neu gegründet. Mitglied dürfen alle Menschen unabhängig ihres Glaubens sein.

Aufgabe 119

Wahlen in Deutschland sind frei. Was bedeutet das?

- ☐ Alle verurteilten Straftäterinnen/Straftäter dürfen nicht wählen.
- ☐ Wenn ich wählen gehen möchte, muss meine Arbeitgeberin/mein Arbeitgeber mir frei geben.
- ☐ Jede Person kann ohne Zwang entscheiden, ob sie wählen möchte und wen sie wählen möchte. ✓
- ☐ Ich kann frei entscheiden, wo ich wählen gehen möchte.

Aufgabe 120

Das Wahlsystem in Deutschland ist ein …

- ☐ Zensuswahlrecht.
- ☐ Dreiklassenwahlrecht.
- ☐ Mehrheits- und Verhältniswahlrecht. ✓
- ☐ allgemeines Männerwahlrecht.

Erläuterung zur Antwort

Das Wahlsystem in Deutschland ist ein Mischsystem, dass Elemente der Mehrheits- und Verhältniswahl kombiniert. Man bezeichnet es auch als personalisierte Verhältniswahl. Bei Bundestagswahlen hat jede wahlberechtigte Person zwei Stimmen: die Erststimme und die Zweitstimme.

Aufgabe 121

Eine Partei möchte in den Deutschen Bundestag. Sie muss aber einen Mindestanteil an Wählerstimmen haben. Das heißt …

- ☐ 5%-Hürde. ✓
- ☐ Zulassungsgrenze.
- ☐ Basiswert.
- ☐ Richtlinie.

Aufgabe 122

Welchem Grundsatz unterliegen Wahlen in Deutschland? Wahlen in Deutschland sind ...

- ☐ frei, gleich, geheim. ✓
- ☐ offen, sicher, frei.
- ☐ geschlossen, gleich, sicher.
- ☐ sicher, offen, freiwillig.

Erläuterung zur Antwort

Abgeordnete werden in allgemeiner, unmittelbarer, freier, gleicher und geheimer Wahl gewählt. Das bestimmt Artikel 38 Absatz 1 des Grundgesetzes.

Aufgabe 123

Was ist in Deutschland die "5%-Hürde"?

- ☐ Abstimmungsregelung im Bundestag für kleine Parteien
- ☐ Anwesenheitskontrolle im Bundestag für Abstimmungen
- ☐ Mindestanteil an Wählerstimmen, um ins Parlament zu kommen ✓
- ☐ Anwesenheitskontrolle im Bundesrat für Abstimmungen

Aufgabe 124

Die Bundestagswahl in Deutschland ist die Wahl ...

- ☐ der Bundeskanzlerin/des Bundeskanzlers.
- ☐ der Parlamente der Länder.
- ☐ des Parlaments für Deutschland. ✓
- ☐ der Bundespräsidentin/des Bundespräsidenten.

Aufgabe 125

In einer Demokratie ist eine Funktion von regelmäßigen Wahlen, ...

- ☐ die Bürgerinnen und Bürger zu zwingen, ihre Stimme abzugeben.
- ☐ nach dem Willen der Wählermehrheit den Wechsel der Regierung zu ermöglichen. ✓
- ☐ im Land bestehende Gesetze beizubehalten.
- ☐ den Armen mehr Macht zu geben.

Erläuterung zur Antwort

Regelmäßige Wahlen sind ein grundlegendes Merkmal der Demokratie. Sie ermöglichen es den Bürgern, ihre Vertreter zu wählen und die Regierung zur Rechenschaft zu ziehen. Durch Wahlen können die Bürger ihre Zustimmung oder Ablehnung der politischen Führung ausdrücken und so den Kurs der Regierung beeinflussen. Dies fördert die politische Beteiligung und stärkt die Legitimität des politischen Systems. Wahlen bieten auch die Möglichkeit, Machtwechsel auf friedliche Weise zu vollziehen und verhindern die Konzentration von Macht in den Händen weniger.

Aufgabe 126

Was bekommen wahlberechtigte Bürgerinnen und Bürger in Deutschland vor einer Wahl?

- ☐ eine Wahlbenachrichtigung von der Gemeinde ✓
- ☐ eine Wahlerlaubnis von der Bundespräsidentin/von dem Bundespräsidenten
- ☐ eine Benachrichtigung von der Bundesversammlung
- ☐ eine Benachrichtigung vom Pfarramt

Erläuterung zur Antwort

Die Wahlbenachrichtigung ist die amtliche Benachrichtigung des Wählers über Wahltermin und -lokal.

Aufgabe 127

Warum gibt es die 5%-Hürde im Wahlgesetz der Bundesrepublik Deutschland? Es gibt sie, weil ...

- ☐ die Programme von vielen kleinen Parteien viele Gemeinsamkeiten haben.
- ☐ die Bürgerinnen und Bürger bei vielen kleinen Parteien die Orientierung verlieren können.
- ☐ viele kleine Parteien die Regierungsbildung erschweren. ✓
- ☐ die kleinen Parteien nicht so viel Geld haben, um die Politikerinnen und Politiker zu bezahlen.

Aufgabe 128

Parlamentsmitglieder, die von den Bürgerinnen und Bürgern gewählt werden, nennt man ...

- ☐ Abgeordnete. ✓
- ☐ Kanzlerinnen/Kanzler.
- ☐ Botschafterinnen/Botschafter.
- ☐ Ministerpräsidentinnen/Ministerpräsidenten.

Erläuterung zur Antwort

Die Abgeordneten des Bundestages sind Vertreter des ganzen Volkes, weshalb sie auch Volksvertreter genannt werden (Grundsatz der repräsentativen Demokratie).

Aufgabe 129

Vom Volk gewählt wird in Deutschland ...

- ☐ die Bundeskanzlerin/der Bundeskanzler.
- ☐ die Ministerpräsidentin/der Ministerpräsident eines Bundeslandes.
- ☐ der Bundestag. ✓
- ☐ die Bundespräsidentin/der Bundespräsident.

Erläuterung zur Antwort

Nach Artikel 38 des Grundgesetzes werden die Abgeordneten des Bundestages in allgemeiner, unmittelbarer, freier, gleicher und geheimer Wahl gewählt.

Aufgabe 130

Welcher Stimmzettel wäre bei einer Bundestagswahl gültig?

In Anlehnung an Bundeswahlordnung (BWO), Anlage 26

- ☐ 1
- ☐ 2
- ☐ 3
- ☐ 4

Aufgabe 131

In Deutschland ist eine Bürgermeisterin/ein Bürgermeister ...

- ☐ die Leiterin/der Leiter einer Schule.
- ☐ die Chefin/der Chef einer Bank.
- ☐ das Oberhaupt einer Gemeinde. ✓
- ☐ die/der Vorsitzende einer Partei.

Erläuterung zur Antwort

Der Bürgermeister oder die Bürgermeisterin leitet in einer Stadt oder Gemeinde die Verwaltung.
Er oder sie trifft wichtige Entscheidungen.

Aufgabe 132

Viele Menschen in Deutschland arbeiten in ihrer Freizeit ehrenamtlich. Was bedeutet das?

- ☐ Sie arbeiten als Soldatinnen/Soldaten.
- ☐ Sie arbeiten freiwillig und unbezahlt in Vereinen und Verbänden. ✓
- ☐ Sie arbeiten in der Bundesregierung.
- ☐ Sie arbeiten in einem Krankenhaus und verdienen dabei Geld.

Erläuterung zur Antwort

Ein Ehrenamt ist die Wahrnehmung eines öffentlichen Amtes oder einer gesellschaftlichen Aufgabe im Gemeinwohlinteresse ohne Bezahlung, gegebenenfalls mit Möglichkeiten zur Aufwandsentschädigung. Die Übernahme eines Ehrenamts ist in der Regel freiwillig.

Aufgabe 133

Was ist bei Bundestags- und Landtagswahlen in Deutschland erlaubt?

- ☐ Der Ehemann wählt für seine Frau mit.
- ☐ Man kann durch Briefwahl seine Stimme abgeben. ✓
- ☐ Man kann am Wahltag telefonisch seine Stimme abgeben.
- ☐ Kinder ab dem Alter von 14 Jahren dürfen wählen.

Erläuterung zur Antwort

Wahlberechtigte, die in ein Wählerverzeichnis eingetragen sind, können ihr Wahlrecht ohne Vorliegen eines besonderen Grundes durch Briefwahl ausüben.

Aufgabe 134

Man will die Buslinie abschaffen, mit der Sie immer zur Arbeit fahren. Was können Sie machen, um die Buslinie zu erhalten?

- ☐ Ich beteilige mich an einer Bürgerinitiative für die Erhaltung der Buslinie oder gründe selber eine Initiative. ✓
- ☐ Ich werde Mitglied in einem Sportverein und trainiere Radfahren.
- ☐ Ich wende mich an das Finanzamt, weil ich als Steuerzahlerin/Steuerzahler ein Recht auf die Buslinie habe.
- ☐ Ich schreibe einen Brief an das Forstamt der Gemeinde.

> Erläuterung zur Antwort
>
> Bürgerinitiativen haben oft konkrete politische, soziale oder ökologische Ziele und sind nicht selten auf lokale Anliegen begrenzt.

Aufgabe 135

Wen vertreten die Gewerkschaften in Deutschland?

- ☐ große Unternehmen
- ☐ kleine Unternehmen
- ☐ Selbstständige
- ☐ Arbeitnehmerinnen und Arbeitnehmer ✓

> Erläuterung zur Antwort
>
> Gewerkschaften sind unabhängige Vereinigungen von Arbeitnehmern, die ihre Interessen vertreten.

Aufgabe 136

Sie gehen in Deutschland zum Arbeitsgericht bei …

- ☐ falscher Nebenkostenabrechnung.
- ☐ ungerechtfertigter Kündigung durch Ihre Chefin/Ihren Chef. ✓
- ☐ Problemen mit den Nachbarinnen/Nachbarn.
- ☐ Schwierigkeiten nach einem Verkehrsunfall.

> Erläuterung zur Antwort
>
> Ein Arbeitsgericht ist regelmäßig das Gericht erster Instanz für Streitigkeiten, die im Zusammenhang mit einem Arbeitsverhältnis stehen. Ursprung der Arbeitsgerichtsbarkeit waren die Zunftgerichte des Mittelalters.

Aufgabe 137

Welches Gericht ist in Deutschland bei Konflikten in der Arbeitswelt zuständig?

- ☐ das Familiengericht
- ☐ das Strafgericht
- ☐ das Arbeitsgericht ✓
- ☐ das Amtsgericht

Aufgabe 138

Was kann ich in Deutschland machen, wenn mir meine Arbeitgeberin/mein Arbeitgeber zu Unrecht gekündigt hat?

- ☐ weiterarbeiten und freundlich zur Chefin/zum Chef sein
- ☐ ein Mahnverfahren gegen die Arbeitgeberin/den Arbeitgeber führen
- ☐ Kündigungsschutzklage erheben ✓
- ☐ die Arbeitgeberin/den Arbeitgeber bei der Polizei anzeigen

> Erläuterung zur Antwort
>
> Der Kündigungsschutz im Arbeitsrecht wird in Deutschland durch eine Kündigungsschutzklage beim zuständigen Arbeitsgericht verfolgt.

Aufgabe 139

Wann kommt es in Deutschland zu einem Prozess vor Gericht? Wenn jemand …

- ☐ zu einer anderen Religion übertritt.
- ☐ eine Straftat begangen hat und angeklagt wird. ✓
- ☐ eine andere Meinung als die der Regierung vertritt.
- ☐ sein Auto falsch geparkt hat und es abgeschleppt wird.

> Erläuterung zur Antwort
>
> Der Strafprozess ist ein gerichtliches Verfahren, das dazu dient, über die Schuld oder Unschuld einer Person in Bezug auf eine strafbare Handlung zu entscheiden und gegebenenfalls eine angemessene Strafe zu verhängen.

Aufgabe 140

Was macht eine Schöffin/ein Schöffe in Deutschland? Sie/Er ...

- ☐ entscheidet mit Richterinnen/Richtern über Schuld und Strafe. ✓
- ☐ gibt Bürgerinnen/Bürgern rechtlichen Rat.
- ☐ stellt Urkunden aus.
- ☐ verteidigt die Angeklagte/den Angeklagten.

Erläuterung zur Antwort
Schöffen sind ehrenamtliche Richter, die im Hauptverfahren von Strafprozessen mitwirken..

Aufgabe 141

Wer berät in Deutschland Personen bei Rechtsfragen und vertritt sie vor Gericht?

- ☐ eine Rechtsanwältin/ein Rechtsanwalt ✓
- ☐ eine Richterin/ein Richter
- ☐ eine Schöffin/ein Schöffe
- ☐ eine Staatsanwältin/ein Staatsanwalt

Aufgabe 142

Was ist die Hauptaufgabe einer Richterin/eines Richters in Deutschland? Eine Richterin/ein Richter ...

- ☐ vertritt Bürgerinnen und Bürger vor einem Gericht.
- ☐ arbeitet an einem Gericht und spricht Urteile. ✓
- ☐ ändert Gesetze.
- ☐ betreut Jugendliche vor Gericht.

Aufgabe 143

Eine Richterin/ein Richter in Deutschland gehört zur …

- ☐ Judikative. ✓
- ☐ Exekutive.
- ☐ Operative.
- ☐ Legislative.

Erläuterung zur Antwort
Ein Richter ist Teil der Judikative, also der rechtsprechenden Gewalt in Deutschland.

Aufgabe 144

Eine Richterin/ein Richter gehört in Deutschland zur …

- ☐ vollziehenden Gewalt.
- ☐ rechtsprechenden Gewalt. ✓
- ☐ planenden Gewalt.
- ☐ gesetzgebenden Gewalt.

Aufgabe 145

In Deutschland wird die Staatsgewalt geteilt. Für welche Staatsgewalt arbeitet eine Richterin/ein Richter? Für die …

- ☐ Judikative ✓
- ☐ Exekutive
- ☐ Presse
- ☐ Legislative

Aufgabe 146

Wie nennt man in Deutschland ein Verfahren vor einem Gericht?

- ☐ Programm
- ☐ Prozedur
- ☐ Protokoll
- ☐ Prozess ✓

Aufgabe 147

Was ist die Arbeit einer Richterin/eines Richters in Deutschland?

- ☐ Deutschland regieren
- ☐ Recht sprechen ✓
- ☐ Pläne erstellen
- ☐ Gesetze erlassen

Aufgabe 148

Was ist eine Aufgabe der Polizei in Deutschland?

- ☐ das Land zu verteidigen
- ☐ die Bürgerinnen und Bürger abzuhören
- ☐ die Gesetze zu beschließen
- ☐ die Einhaltung von Gesetzen zu überwachen ✓

Erläuterung zur Antwort

Die Polizei der Bundesrepublik Deutschland (sowohl Landes- als auch Bundespolizei) ist Teil der vollziehenden Gewalt (Exekutive) und bildet einen wesentlichen Bestandteil der inneren Sicherheit.

Aufgabe 149

Was ist ein Beispiel für antisemitisches Verhalten?

- ☐ ein jüdisches Fest besuchen
- ☐ die israelische Regierung kritisieren
- ☐ den Holocaust leugnen ✓
- ☐ gegen Juden Fußball spielen

Aufgabe 150

Eine Gerichtsschöffin/ein Gerichtsschöffe in Deutschland ist …

- ☐ die Stellvertreterin/der Stellvertreter des Stadtoberhaupts.
- ☐ eine ehrenamtliche Richterin/ein ehrenamtlicher Richter. ✓
- ☐ ein Mitglied eines Gemeinderats.
- ☐ eine Person, die Jura studiert hat.

Aufgabe 151

Wer baute die Mauer in Berlin?

- ☐ Großbritannien
- ☐ die DDR ✓
- ☐ die Bundesrepublik Deutschland
- ☐ die USA

Erläuterung zur Antwort

Die DDR-Regierung errichtete die Berliner Mauer, um die DDR-Einwohner an der Flucht in die BRD zu hindern. Die Berliner Mauer umschloss vom 13. August 1961 bis 9. November 1989 West-Berlin und zog sich als Schneise durch die gesamte Stadt.

Aufgabe 152

Wann waren die Nationalsozialisten mit Adolf Hitler in Deutschland an der Macht?

- ☐ 1918 bis 1923
- ☐ 1932 bis 1950
- ☐ 1933 bis 1945 ✓
- ☐ 1945 bis 1989

Aufgabe 153

Was war am 8. Mai 1945?

- ☐ Tod Adolf Hitlers
- ☐ Beginn des Berliner Mauerbaus
- ☐ Wahl von Konrad Adenauer zum Bundeskanzler
- ☐ Ende des Zweiten Weltkriegs in Europa ✓

Aufgabe 154

Wann war der Zweite Weltkrieg zu Ende?

- ☐ 1933
- ☐ 1945 ✓
- ☐ 1949
- ☐ 1961

Aufgabe 155

Wann waren die Nationalsozialisten in Deutschland an der Macht?

- ☐ 1888 bis 1918
- ☐ 1921 bis 1934
- ☐ 1933 bis 1945 ✓
- ☐ 1949 bis 1963

Aufgabe 156

In welchem Jahr wurde Hitler Reichskanzler?

- ☐ 1923
- ☐ 1927
- ☐ 1933 ✓
- ☐ 1936

> Erläuterung zur Antwort
>
> Am 30. Januar 1933 ernannte Reichspräsident Paul von Hindenburg den Vorsitzenden der Nationalsozialistischen Deutschen Arbeiterpartei (NSDAP) und "Führer" der stärksten Reichstagsfraktion Adolf Hitler zum neuen Reichskanzler.

Aufgabe 157

Die Nationalsozialisten mit Adolf Hitler errichteten 1933 in Deutschland ...

- ☐ eine Diktatur. ✓
- ☐ einen demokratischen Staat.
- ☐ eine Monarchie.
- ☐ ein Fürstentum.

Aufgabe 158

Das "Dritte Reich" war eine ...

- ☐ Diktatur. ✓
- ☐ Demokratie.
- ☐ Monarchie.
- ☐ Räterepublik.

Aufgabe 159

Was gab es in Deutschland nicht während der Zeit des Nationalsozialismus?

- ☐ freie Wahlen ✓
- ☐ Pressezensur
- ☐ willkürliche Verhaftungen
- ☐ Verfolgung von Juden

Aufgabe 160

Welcher Krieg dauerte von 1939 bis 1945?

- ☐ der Erste Weltkrieg
- ☐ der Zweite Weltkrieg ✓
- ☐ der Vietnamkrieg
- ☐ der Golfkrieg

Aufgabe 161

Was kennzeichnete den NS-Staat? Eine Politik ...

- ☐ des staatlichen Rassismus ✓
- ☐ der Meinungsfreiheit
- ☐ der allgemeinen Religionsfreiheit
- ☐ der Entwicklung der Demokratie

Aufgabe 162

Claus Schenk Graf von Stauffenberg wurde bekannt durch ...

- ☐ eine Goldmedaille bei den Olympischen Spielen 1936.
- ☐ den Bau des Reichstagsgebäudes.
- ☐ den Aufbau der Wehrmacht.
- ☐ das Attentat auf Hitler am 20. Juli 1944. ✓

Aufgabe 163

In welchem Jahr zerstörten die Nationalsozialisten Synagogen und jüdische Geschäfte in Deutschland?

- ☐ 1925
- ☐ 1930
- ☐ 1938 ✓
- ☐ 1945

Aufgabe 164

Was passierte am 9. November 1938 in Deutschland?

- ☐ Mit dem Angriff auf Polen beginnt der Zweite Weltkrieg.
- ☐ Die Nationalsozialisten verlieren eine Wahl und lösen den Reichstag auf.
- ☐ Jüdische Geschäfte und Synagogen werden durch Nationalsozialisten und ihre Anhänger zerstört. ✓
- ☐ Hitler wird Reichspräsident und lässt alle Parteien verbieten.

Aufgabe 165

Wie hieß der erste Bundeskanzler der Bundesrepublik Deutschland?

- ☐ Konrad Adenauer ✓
- ☐ Kurt Georg Kiesinger
- ☐ Helmut Schmidt
- ☐ Willy Brandt

Erläuterung zur Antwort

Konrad Adenauer (CDU) wurde im September 1949 zum ersten Bundeskanzler der Bundesrepublik Deutschland gewählt. Er war 14 Jahre im Amt.

Aufgabe 166

Bei welchen Demonstrationen in Deutschland riefen die Menschen "Wir sind das Volk"?

- ☐ beim Arbeiteraufstand 1953 in der DDR
- ☐ bei den Demonstrationen 1968 in der Bundesrepublik Deutschland
- ☐ bei den Anti-Atomkraft-Demonstrationen 1985 in der Bundesrepublik Deutschland
- ☐ bei den Montagsdemonstrationen 1989 in der DDR ✓

Aufgabe 167

Welche Länder wurden nach dem Zweiten Weltkrieg in Deutschland als "Alliierte Besatzungsmächte" bezeichnet?

- ☐ Sowjetunion, Großbritannien, Polen, Schweden
- ☐ Frankreich, Sowjetunion, Italien, Japan
- ☐ USA, Sowjetunion, Spanien, Portugal
- ☐ USA, Sowjetunion, Großbritannien, Frankreich ✓

Aufgabe 168

Welches Land war keine "Alliierte Besatzungsmacht" in Deutschland?

- ☐ USA
- ☐ Sowjetunion
- ☐ Frankreich
- ☐ Japan ✓

Aufgabe 169

Wann wurde die Bundesrepublik Deutschland gegründet?

- ☐ 1939
- ☐ 1945
- ☐ 1949 ✓
- ☐ 1951

Aufgabe 170

Was gab es während der Zeit des Nationalsozialismus in Deutschland?

- ☐ das Verbot von Parteien ✓
- ☐ das Recht zur freien Entfaltung der Persönlichkeit
- ☐ Pressefreiheit
- ☐ den Schutz der Menschenwürde

Aufgabe 171

Soziale Marktwirtschaft bedeutet, die Wirtschaft ...

- ☐ steuert sich allein nach Angebot und Nachfrage.
- ☐ wird vom Staat geplant und gesteuert, Angebot und Nachfrage werden nicht berücksichtigt.
- ☐ richtet sich nach der Nachfrage im Ausland.
- ☐ richtet sich nach Angebot und Nachfrage, aber der Staat sorgt für einen sozialen Ausgleich. ✓

Erläuterung zur Antwort

Deutschlands Wirtschaftsordnung ist die Soziale Marktwirtschaft. Sie wurde aus der freien Marktwirtschaft entwickelt. Damit keine zu großen sozialen Ungerechtigkeiten entstehen, greift der Staat wo nötig in die freie Marktwirtschaft ein. Dabei wird die Freiheit der Marktwirtschaft da eingeschränkt, wo sie unsozial ist, wo sie nur den Starken dient und den weniger Starken schadet.

Aufgabe 172

In welcher Besatzungszone wurde die DDR gegründet? In der ...

- ☐ amerikanischen Besatzungszone
- ☐ französischen Besatzungszone
- ☐ britischen Besatzungszone
- ☐ sowjetischen Besatzungszone ✓

Aufgabe 173

Die Bundesrepublik Deutschland ist ein Gründungsmitglied ...

- ☐ des Nordatlantikpakts (NATO).
- ☐ der Vereinten Nationen (VN).
- ☐ der Europäischen Union (EU). ✓
- ☐ des Warschauer Pakts.

Erläuterung zur Antwort

Im Jahr 1951 unterzeichnete die Bundesrepublik Deutschland, gemeinsam mit Frankreich, Belgien, Italien, Luxemburg und den Niederlanden, den Vertrag zur Gründung der Europäischen Gemeinschaft für Kohle und Stahl (EGKS), einem Vorläufer der späteren Europäischen Union.

Aufgabe 174

Wann wurde die DDR gegründet?

- ☐ 1947
- ☐ 1949 ✓
- ☐ 1953
- ☐ 1956

Erläuterung zur Antwort

Die Gründung der DDR am 7. Oktober 1949 auf dem Gebiet der Sowjetischen Besatzungszone, mit dem sowjetischen Sektor von Berlin als Hauptstadt, erfolgte vier Jahre nach dem Ende des Zweiten Weltkrieges.

Aufgabe 175

Wie viele Besatzungszonen gab es in Deutschland nach dem Zweiten Weltkrieg?

- ☐ 3
- ☐ 4 ✓
- ☐ 5
- ☐ 6

Erläuterung zur Antwort

Nach 1945 haben die Siegermächte Deutschland in vier Besatzungszonen aufgeteilt. Jede Siegermacht hat eine Zone kontrolliert.

Aufgabe 176

Wie waren die Besatzungszonen Deutschlands nach 1945 verteilt?

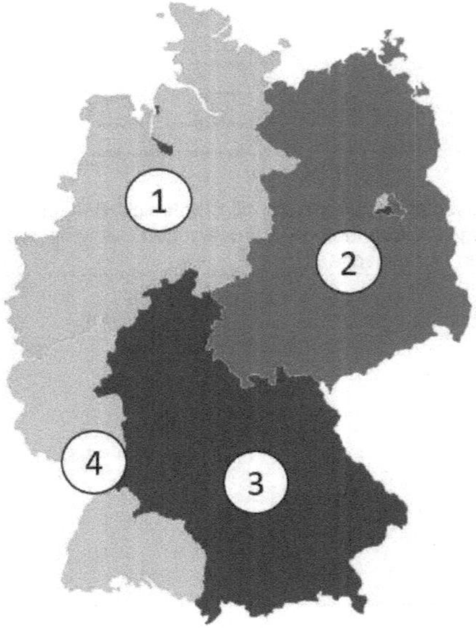

☐ 1=Großbritannien, 2=Sowjetunion, 3=Frankreich, 4=USA

☐ 1=Sowjetunion, 2=Großbritannien, 3=USA, 4=Frankreich

☐ 1=Großbritannien, 2=Sowjetunion, 3=USA, 4=Frankreich ✓

☐ 1=Großbritannien, 2=USA, 3=Sowjetunion, 4=Frankreich

Aufgabe 177

Welche deutsche Stadt wurde nach dem Zweiten Weltkrieg in vier Sektoren aufgeteilt?

- ☐ München
- ☐ Berlin ✓
- ☐ Dresden
- ☐ Frankfurt/Oder

> Erläuterung zur Antwort
>
> Die Teilung Berlins war das Ergebnis der Aufteilung Deutschlands in vier Besatzungszonen nach dem Zweiten Weltkrieg. Berlin wurde in vier Sektoren eingeteilt, die von Frankreich, England, den USA und der Sowjetunion kontrolliert wurden.

Aufgabe 178

Vom Juni 1948 bis zum Mai 1949 wurden die Bürgerinnen und Bürger von West-Berlin durch eine Luftbrücke versorgt. Welcher Umstand war dafür verantwortlich?

- ☐ Für Frankreich war eine Versorgung der West-Berliner Bevölkerung mit dem Flugzeug kostengünstiger.
- ☐ Die amerikanischen Soldatinnen und Soldaten hatten beim Landtransport Angst vor Überfällen.
- ☐ Für Großbritannien war die Versorgung über die Luftbrücke schneller.
- ☐ Die Sowjetunion unterbrach den gesamten Verkehr auf dem Landwege. ✓

> Erläuterung zur Antwort
>
> Die Berliner Luftbrücke diente der Versorgung des Westteils der Stadt Berlin durch Flugzeuge der Westalliierten, nachdem die sowjetische Besatzungsmacht die Land- und Wasserwege von der Trizone zu den West-Sektoren Berlins vom 24. Juni 1948 bis 12. Mai 1949 durch die Berlin-Blockade gesperrt hatte. Am 30. September 1949 wurde die Luftbrücke offiziell beendet.

Aufgabe 179

Wie endete der Zweite Weltkrieg in Europa offiziell?

- ☐ mit dem Tod Adolf Hitlers
- ☐ durch die bedingungslose Kapitulation Deutschlands ✓
- ☐ mit dem Rückzug der Deutschen aus den besetzten Gebieten
- ☐ durch eine Revolution in Deutschland

Aufgabe 180

Der erste Bundeskanzler der Bundesrepublik Deutschland war ...

- ☐ Ludwig Erhard.
- ☐ Willy Brandt.
- ☐ Konrad Adenauer. ✓
- ☐ Gerhard Schröder.

Erläuterung zur Antwort

Konrad Adenauer (CDU) wurde im September 1949 zum ersten Bundeskanzler der Bundesrepublik Deutschland gewählt. Er war 14 Jahre im Amt.

Aufgabe 181

Was wollte Willy Brandt mit seinem Kniefall 1970 im ehemaligen jüdischen Ghetto in Warschau ausdrücken?

- ☐ Er hat sich den ehemaligen Alliierten unterworfen.
- ☐ Er bat Polen und die polnischen Juden um Vergebung. ✓
- ☐ Er zeigte seine Demut vor dem Warschauer Pakt.
- ☐ Er sprach ein Gebet am Grab des Unbekannten Soldaten.

Erläuterung zur Antwort

Am 7. Dezember 1970 besuchte der Bundeskanzler das Mahnmal zum Gedenken an den Aufstand im jüdischen Ghetto 1943. Mit seinem Kniefall vor dem Mahnmal gedachte Willy Brandt nicht nur der ermordeten Juden, sondern setzte auch ein Zeichen der Aussöhnung zwischen Polen und der Bundesrepublik Deutschland.

Aufgabe 182

Wie heißt das jüdische Gebetshaus?

- ☐ Basilika
- ☐ Moschee
- ☐ Synagoge ✓
- ☐ Kirche

Aufgabe 183

Wann war in der Bundesrepublik Deutschland das "Wirtschaftswunder"?

- ☐ 40er Jahre
- ☐ 50er Jahre ✓
- ☐ 70er Jahre
- ☐ 80er Jahre

Erläuterung zur Antwort
Mit dem Begriff „Wirtschaftswunder“ bezeichnet man den raschen wirtschaftlichen Aufstieg in Westdeutschland in den 1950igern nach dem Zweiten Weltkrieg.

Aufgabe 184

Auf welcher rechtlichen Grundlage wurde der Staat Israel gegründet?

- ☐ eine Resolution der Vereinten Nationen ✓
- ☐ ein Beschluss des Zionistenkongresses
- ☐ ein Vorschlag der Bundesregierung
- ☐ ein Vorschlag der UdSSR

Erläuterung zur Antwort
Der UN-Teilungsplan für Palästina wurde am 29.11.1947 von der UN-Generalversammlung als Resolution 181 (II) angenommen. Die Resolution sollte den Konflikt zwischen arabischen und jüdischen Bewohnern des britischen Mandatsgebiets Palästina lösen. Die Resolution beinhaltete die Beendigung des britischen Mandats und sah vor, Palästina in einen Staat für Juden und einen für Araber aufzuteilen, wobei Jerusalem (einschließlich Bethlehem) als Corpus separatum unter internationale Kontrolle gestellt werden sollte. Die beiden neuen Staaten sollte eine Wirtschaftsunion verbinden und sie sollten demokratische Verfassungen erhalten.

Aufgabe 185

Wofür stand der Ausdruck "Eiserner Vorhang"? Für die Abschottung ...

- ☐ des Warschauer Pakts gegen den Westen ✓
- ☐ Norddeutschlands gegen Süddeutschland
- ☐ Nazi-Deutschlands gegen die Alliierten
- ☐ Europas gegen die USA

Erläuterung zur Antwort

Der Warschauer Pakt ist eine Kurzbezeichnung für das im »Vertrag über Freundschaft, Zusammenarbeit und gegenseitigen Beistand« vereinbarte Militärbündnis kommunistisch/sozialistischen Staaten Europas, das aufgrund der Wiederbewaffnung der BRD und gegen die (durch den Beitritt der BRD gestärkte) NATO (Nordatlantikpakt) gegründet wurde.

Aufgabe 186

Im Jahr 1953 gab es in der DDR einen Aufstand, an den lange Zeit in der Bundesrepublik Deutschland ein Feiertag erinnerte. Wann war das?

- ☐ 1. Mai
- ☐ 17. Juni ✓
- ☐ 20. Juli
- ☐ 9. November

Aufgabe 187

Welcher deutsche Staat hatte eine schwarz-rot-goldene Flagge mit Hammer, Zirkel und Ährenkranz?

- ☐ Preußen
- ☐ Bundesrepublik Deutschland
- ☐ "Drittes Reich"
- ☐ DDR ✓

Aufgabe 188

In welchem Jahr wurde die Mauer in Berlin gebaut?

- ☐ 1953
- ☐ 1956
- ☐ 1959
- ☐ 1961 ✓

Aufgabe 189

Wann baute die DDR die Mauer in Berlin?

- ☐ 1919
- ☐ 1933
- ☐ 1961 ✓
- ☐ 1990

Aufgabe 190

Was bedeutet die Abkürzung DDR?

- ☐ Dritter Deutscher Rundfunk
- ☐ Die Deutsche Republik
- ☐ Dritte Deutsche Republik
- ☐ Deutsche Demokratische Republik ✓

Aufgabe 191

Wann wurde die Mauer in Berlin für alle geöffnet?

- ☐ 1987
- ☐ 1989 ✓
- ☐ 1992
- ☐ 1995

Erläuterung zur Antwort

Die Berliner Mauer wurde am Abend des 9. November 1989 im Zuge der politischen Wende geöffnet.

Aufgabe 192

Welches heutige deutsche Bundesland gehörte früher zum Gebiet der DDR?

- ☐ Brandenburg ✓
- ☐ Bayern
- ☐ Saarland
- ☐ Hessen

Aufgabe 193

Von 1961 bis 1989 war Berlin …

- ☐ ohne Bürgermeister.
- ☐ ein eigener Staat.
- ☐ durch eine Mauer geteilt. ✓
- ☐ nur mit dem Flugzeug erreichbar.

Aufgabe 194

Am 3. Oktober feiert man in Deutschland den Tag der Deutschen …

- ☐ Einheit. ✓
- ☐ Nation.
- ☐ Bundesländer.
- ☐ Städte.

Aufgabe 195

Welches heutige deutsche Bundesland gehörte früher zum Gebiet der DDR?

- ☐ Hessen
- ☐ Sachsen-Anhalt ✓
- ☐ Nordrhein-Westfalen
- ☐ Saarland

Aufgabe 196

Warum nennt man die Zeit im Herbst 1989 in der DDR "Die Wende"? In dieser Zeit veränderte sich die DDR politisch ...

- ☐ von einer Diktatur zur Demokratie. ✓
- ☐ von einer liberalen Marktwirtschaft zum Sozialismus.
- ☐ von einer Monarchie zur Sozialdemokratie.
- ☐ von einem religiösen Staat zu einem kommunistischen Staat.

Aufgabe 197

Welches heutige deutsche Bundesland gehörte früher zum Gebiet der DDR?

- ☐ Thüringen ✓
- ☐ Hessen
- ☐ Bayern
- ☐ Bremen

Aufgabe 198

Welches heutige deutsche Bundesland gehörte früher zum Gebiet der DDR?

- ☐ Bayern
- ☐ Niedersachsen
- ☐ Sachsen ✓
- ☐ Baden-Württemberg

Aufgabe 199

Mit der Abkürzung "Stasi" meinte man in der DDR ...

- ☐ das Parlament.
- ☐ das Ministerium für Staatssicherheit. ✓
- ☐ eine regierende Partei.
- ☐ das Ministerium für Volksbildung.

Erläuterung zur Antwort

Das im Jahre 1950 gegründete Ministerium für Staatssicherheit (MfS) war die Geheimpolizei und der Inlands- und Auslandsgeheimdienst der DDR. Im Volksmund bezeichnet man die als „Stasi“

Aufgabe 200

Welches heutige deutsche Bundesland gehörte früher zum Gebiet der DDR?

- ☐ Hessen
- ☐ Schleswig-Holstein
- ☐ Mecklenburg-Vorpommern ✓
- ☐ Saarland

Aufgabe 201

Welche der folgenden Auflistungen enthält nur Bundesländer, die zum Gebiet der früheren DDR gehörten?

- ☐ Niedersachsen, Nordrhein-Westfalen, Hessen, Schleswig-Holstein, Brandenburg
- ☐ Mecklenburg-Vorpommern, Brandenburg, Sachsen, Sachsen-Anhalt, Thüringen ✓
- ☐ Bayern, Baden-Württemberg, Rheinland-Pfalz, Thüringen, Sachsen
- ☐ Sachsen, Thüringen, Hessen, Niedersachen, Brandenburg

Aufgabe 202

Zu wem gehörte die DDR im "Kalten Krieg"?

- ☐ zu den Westmächten
- ☐ zum Warschauer Pakt ✓
- ☐ zur NATO
- ☐ zu den blockfreien Staaten

Aufgabe 203

Wie hieß das Wirtschaftssystem der DDR?

- ☐ Marktwirtschaft
- ☐ Planwirtschaft ✓
- ☐ Angebot und Nachfrage
- ☐ Kapitalismus

Aufgabe 204

Wie wurden die Bundesrepublik Deutschland und die DDR zu einem Staat?

- ☐ Die Bundesrepublik hat die DDR besetzt.
- ☐ Die heutigen fünf östlichen Bundesländer sind der Bundesrepublik Deutschland beigetreten. ✓
- ☐ Die westlichen Bundesländer sind der DDR beigetreten.
- ☐ Die DDR hat die Bundesrepublik Deutschland besetzt.

Aufgabe 205

Mit dem Beitritt der DDR zur Bundesrepublik Deutschland gehören die neuen Bundesländer nun auch …

- ☐ zur Europäischen Union. ✓
- ☐ zum Warschauer Pakt.
- ☐ zur OPEC.
- ☐ zur Europäischen Verteidigungsgemeinschaft.

Aufgabe 206

Woran erinnern die sogenannten „Stolpersteine" in Deutschland?

- ☐ an berühmte deutsche Politikerinnen und Politiker
- ☐ an die Opfer des Nationalsozialismus ✓
- ☐ an Verkehrstote
- ☐ an bekannte jüdische Musiker

Erläuterung zur Antwort

Stolpersteine sind Betonquader mit einer Kantenlänge von 10 cm, die in den Gehweg vor dem letzten frei gewählten Wohnort von Verfolgten des Nationalsozialismus verlegt wurden.
Sie sind ein Projekt des Künstlers Gunter Demnig, das im Jahr 1992 begann.

Aufgabe 207

In welchem Militärbündnis war die DDR Mitglied?

- ☐ in der NATO
- ☐ im Rheinbund
- ☐ im Warschauer Pakt ✓
- ☐ im Europabündnis

Erläuterung zur Antwort

Im Jahr 1955 wurde über die sicherheits- und außenpolitische Orientierung der Bundesrepublik Deutschland und der DDR entschieden. So wurde der Beitritt der Bundesrepublik zur NATO und der DDR in den Warschauer Pakt in diesem Jahr vollzogen.

Aufgabe 208

Was war die "Stasi"?

- ☐ der Geheimdienst im "Dritten Reich"
- ☐ eine berühmte deutsche Gedenkstätte
- ☐ der Geheimdienst der DDR ✓
- ☐ ein deutscher Sportverein während des Zweiten Weltkrieges

Aufgabe 209

Welches war das Wappen der Deutschen Demokratischen Republik?

Bild 1

Bild 2

Bild 3

Bild 4

- ☐ Bild 1
- ☐ Bild 2
- ☐ Bild 3
- ☐ Bild 4 ✓

Aufgabe 210

Was ereignete sich am 17. Juni 1953 in der DDR?

- ☐ der feierliche Beitritt zum Warschauer Pakt
- ☐ landesweite Streiks und ein Volksaufstand ✓
- ☐ der 1. SED-Parteitag
- ☐ der erste Besuch Fidel Castros

Erläuterung zur Antwort

Am 17. Juni 1953 protestieren rund eine Million Menschen in Ost-Berlin und in der DDR weitgehend friedlich gegen die politischen und wirtschaftlichen Verhältnisse.

Aufgabe 211

Welcher Politiker steht für die "Ostverträge"?

- ☐ Helmut Kohl
- ☐ Willy Brandt ✓
- ☐ Michail Gorbatschow
- ☐ Ludwig Erhard

Erläuterung zur Antwort

Mit den Ostverträgen begann er einen Kurs der Entspannung und des Ausgleichs mit der Sowjetunion, der DDR, Polen (Kniefall von Warschau) und den übrigen Ostblockstaaten. Für diese Politik erhielt Brandt 1971 den Friedensnobelpreis.

Aufgabe 212

Wie heißt Deutschland mit vollem Namen?

- ☐ Bundesstaat Deutschland
- ☐ Bundesländer Deutschland
- ☐ Bundesrepublik Deutschland ✓
- ☐ Bundesbezirk Deutschland

Aufgabe 213

Wie viele Einwohner hat Deutschland?

- ☐ 70 Millionen
- ☐ 78 Millionen
- ☐ 84 Millionen ✓
- ☐ 90 Millionen

Aufgabe 214

Welche Farben hat die deutsche Flagge?

- ☐ schwarz-rot-gold ✓
- ☐ rot-weiß-schwarz
- ☐ schwarz-rot-grün
- ☐ schwarz-gelb-rot

Aufgabe 215

Wer wird als "Kanzler der Deutschen Einheit" bezeichnet?

- ☐ Gerhard Schröder
- ☐ Helmut Kohl ✓
- ☐ Konrad Adenauer
- ☐ Helmut Schmidt

Aufgabe 216

Welches Symbol ist im Plenarsaal des Deutschen Bundestages zu sehen?

© Deutscher Bundestag/Janine Schmitz

- ☐ der Bundesadler ✓
- ☐ die Fahne der Stadt Berlin
- ☐ der Reichsadler
- ☐ die Reichskrone

Aufgabe 217

In welchem Zeitraum gab es die Deutsche Demokratische Republik (DDR)?

- ☐ 1919 bis 1927
- ☐ 1933 bis 1945
- ☐ 1945 bis 1961
- ☐ 1949 bis 1990 ✓

Aufgabe 218

Wie viele Bundesländer kamen bei der Wiedervereinigung 1990 zur Bundesrepublik Deutschland hinzu?

- ☐ 4
- ☐ 5 ✓
- ☐ 6
- ☐ 7

Aufgabe 219

Die Bundesrepublik Deutschland hat die Grenzen von heute seit …

- ☐ 1933
- ☐ 1949
- ☐ 1971
- ☐ 1990 ✓

Erläuterung zur Antwort
Die heutigen Grenzen der Bundesrepublik Deutschland bestehen seit der Wiedervereinigung am 3. Oktober 1990.

Aufgabe 220

Der 27. Januar ist in Deutschland ein offizieller Gedenktag. Woran erinnert dieser Tag?

- ☐ an das Ende des Zweiten Weltkrieges
- ☐ an die Verabschiedung des Grundgesetzes
- ☐ an die Wiedervereinigung Deutschlands
- ☐ an die Opfer des Nationalsozialismus (Tag der Befreiung des Vernichtungslagers Ausschwitz) ✓

Erläuterung zur Antwort
Der 27. Januar, Jahrestag der Befreiung des Vernichtungslagers Auschwitz, ist der Gedenktag für die Opfer der nationalsozialistischen Gewaltherrschaft. Er ist jedoch kein Feiertag.

Aufgabe 221

Deutschland ist Mitglied des Schengener Abkommens. Was bedeutet das?

- ☐ Deutsche können in viele Länder Europas ohne Passkontrolle reisen. ✓
- ☐ Alle Menschen können ohne Personenkontrolle in Deutschland einreisen.
- ☐ Deutsche können ohne Passkontrolle in jedes Land reisen.
- ☐ Deutsche können in jedem Land mit dem Euro bezahlen.

Erläuterung zur Antwort

Das 1985 in Schengen (Luxemburg) abgeschlossene und 1995 in Kraft getretene Abkommen ermöglicht es seinen Bürgerinnen und Bürgern das freie Reisen ohne Kontrollen an den Binnengrenzen.

Aufgabe 222

Welches Land ist ein Nachbarland von Deutschland?

- ☐ Ungarn
- ☐ Portugal
- ☐ Spanien
- ☐ Schweiz ✓

Aufgabe 223

Welches Land ist ein Nachbarland von Deutschland?

- ☐ Rumänien
- ☐ Bulgarien
- ☐ Polen ✓
- ☐ Griechenland

Aufgabe 224

Was bedeutet die Abkürzung EU?

- ☐ Europäische Unternehmen
- ☐ Europäische Union ✓
- ☐ Einheitliche Union
- ☐ Euro Union

Aufgabe 225

In welchem anderen Land gibt es eine große deutschsprachige Bevölkerung?

- ☐ Tschechien
- ☐ Norwegen
- ☐ Spanien
- ☐ Österreich ✓

Aufgabe 226

Welche ist die Flagge der Europäischen Union?

Bild 1

Bild 2

Bild 3

Bild 4

- ☐ Bild 1
- ☐ Bild 2
- ☐ Bild 3
- ☐ Bild 4

Aufgabe 227

Welches Land ist ein Nachbarland von Deutschland?

- ☐ Finnland
- ☐ Dänemark
- ☐ Norwegen
- ☐ Schweden

Aufgabe 228

Wie wird der Beitritt der DDR zur Bundesrepublik Deutschland im Jahr 1990 allgemein genannt?

- ☐ NATO-Osterweiterung
- ☐ EU-Osterweiterung
- ☐ Deutsche Wiedervereinigung
- ☐ Europäische Gemeinschaft

Aufgabe 229

Welches Land ist ein Nachbarland von Deutschland?

- ☐ Spanien
- ☐ Bulgarien
- ☐ Norwegen
- ☐ Luxemburg ✓

Aufgabe 230

Das Europäische Parlament wird regelmäßig gewählt, nämlich alle …

- ☐ 5 Jahre. ✓
- ☐ 6 Jahre.
- ☐ 7 Jahre.
- ☐ 8 Jahre.

Erläuterung zur Antwort

Die Europawahl ist eine seit 1979 in der Europäischen Union alle fünf Jahre stattfindende unmittelbare, freie und geheime Wahl, bei der die Abgeordneten des Europäischen Parlaments bestimmt werden.

Aufgabe 231

Was bedeutet der Begriff "europäische Integration"?

- ☐ Damit sind amerikanische Einwanderinnen und Einwanderer in Europa gemeint.
- ☐ Der Begriff meint den Einwanderungsstopp nach Europa.
- ☐ Damit sind europäische Auswanderinnen und Auswanderer in den USA gemeint.
- ☐ Der Begriff meint den Zusammenschluss europäischer Staaten zur EU. ✓

Erläuterung zur Antwort

Mit der Europäischen Integration ist ein "immer engerer Zusammenschluss der europäischen Völker" gemeint. Der Begriff und seine Definition wurden bereits in den Gründungsverträgen der Westeuropäischen Union (WEU) und der Europäischen Wirtschaftsgemeinschaft (EWG) in den 1950er-Jahren verwendet.

Aufgabe 232

Wer wird bei der Europawahl gewählt?

- ☐ die Europäische Kommission
- ☐ die Länder, die in die EU eintreten dürfen
- ☐ die Abgeordneten des Europäischen Parlaments ✓
- ☐ die europäische Verfassung

Aufgabe 233

Welches Land ist ein Nachbarland von Deutschland?

- ☐ Tschechien ✓
- ☐ Bulgarien
- ☐ Griechenland
- ☐ Portugal

Aufgabe 234

Wo ist der Sitz des Europäischen Parlaments?

- ☐ London
- ☐ Paris
- ☐ Berlin
- ☐ Straßburg ✓

Erläuterung zur Antwort

Als gesetzgebendes Organ der Europäischen Union hat das Europäische Parlament seit 1999 seinen Sitz in Straßburg.

Aufgabe 235

Der damalige französische Staatspräsident François Mitterrand und der damalige deutsche Bundeskanzler Helmut Kohl gedenken in Verdun gemeinsam der Toten beider Weltkriege. Welches Ziel der Europäischen Union wird bei diesem Treffen deutlich?

- ☐ Freundschaft zwischen England und Deutschland
- ☐ Reisefreiheit in alle Länder der EU
- ☐ Frieden und Sicherheit in den Ländern der EU ✓
- ☐ einheitliche Feiertage in den Ländern der EU

Aufgabe 236

Wie viele Mitgliedstaaten hat die EU heute?

- ☐ 21
- ☐ 23
- ☐ 25
- ☐ 27 ✓

Aufgabe 237

2007 wurde das 50-jährige Jubiläum der "Römischen Verträge" gefeiert. Was war der Inhalt der Verträge?

- ☐ Beitritt Deutschlands zur NATO
- ☐ Gründung der Europäischen Wirtschaftsgemeinschaft (EWG) ✓
- ☐ Verpflichtung Deutschlands zu Reparationsleistungen
- ☐ Festlegung der Oder-Neiße-Linie als Ostgrenze

Erläuterung zur Antwort
Am 25. März 1957 wurden zwei Verträge unterzeichnet – der Vertrag zur Gründung der Europäischen Wirtschaftsgemeinschaft (EWG) und der Vertrag zur Gründung der Europäischen Atomgemeinschaft (EAG oder Euratom).

Aufgabe 238

An welchen Orten arbeitet das Europäische Parlament?

- ☐ Paris, London und Den Haag
- ☐ Straßburg, Luxemburg und Brüssel ✓
- ☐ Rom, Bern und Wien
- ☐ Bonn, Zürich und Mailand

Aufgabe 239

Durch welche Verträge schloss sich die Bundesrepublik Deutschland mit anderen Staaten zur Europäischen Wirtschaftsgemeinschaft zusammen?

- ☐ durch die "Hamburger Verträge"
- ☐ durch die "Römischen Verträge" ✓
- ☐ durch die "Pariser Verträge"
- ☐ durch die "Londoner Verträge"

Erläuterung zur Antwort

Die Römischen Verträge wurden am 25. März 1957 von Belgien, Deutschland, Frankreich, Italien, Luxemburg und den Niederlanden in Rom unterzeichnet. Damit gründeten die Unterzeichnerstaaten die Europäische Wirtschaftsgemeinschaft (EWG) und die Europäische Atomgemeinschaft (EURATOM).

Aufgabe 240

Seit wann bezahlt man in Deutschland mit dem Euro in bar?

- ☐ 1995
- ☐ 1998
- ☐ 2002 ✓
- ☐ 2005

Aufgabe 241

Frau Seger bekommt ein Kind. Was muss sie tun, um Elterngeld zu erhalten?

- ☐ Sie muss an ihre Krankenkasse schreiben.
- ☐ Sie muss einen Antrag bei der Elterngeldstelle stellen. ✓
- ☐ Sie muss nichts tun, denn sie bekommt automatisch Elterngeld.
- ☐ Sie muss das Arbeitsamt um Erlaubnis bitten.

Erläuterung zur Antwort

Das Elterngeld ist eine staatliche Förderung und gleicht fehlendes Einkommen aus. Es ermöglicht Eltern sich Zeit für die Erziehung und Betreuung des Kindes zu kümmern. Die Beantragung und die Auszahlung erfolgt durch die jeweilige Elterngeldstelle.

Aufgabe 242

Wer entscheidet, ob ein Kind in Deutschland in den Kindergarten geht?

- ☐ der Staat
- ☐ die Bundesländer
- ☐ die Eltern/die Erziehungsberechtigten ✔
- ☐ die Schulen

Aufgabe 243

Maik und Sybille wollen mit Freunden an ihrem deutschen Wohnort eine Demonstration auf der Straße abhalten. Was müssen sie vorher tun?

- ☐ Sie müssen die Demonstration anmelden. ✔
- ☐ Sie müssen nichts tun. Man darf in Deutschland jederzeit überall demonstrieren.
- ☐ Sie können gar nichts tun, denn Demonstrationen sind in Deutschland grundsätzlich verboten.
- ☐ Maik und Sybille müssen einen neuen Verein gründen, weil nur Vereine demonstrieren dürfen.

Aufgabe 244

Welchen Schulabschluss braucht man normalerweise, um an einer Universität in Deutschland ein Studium zu beginnen?

- ☐ das Abitur ✔
- ☐ ein Diplom
- ☐ die Prokura
- ☐ eine Gesellenprüfung

Aufgabe 245

Wer darf in Deutschland nicht als Paar zusammenleben?

- ☐ Hans (20 Jahre) und Marie (19 Jahre)
- ☐ Tom (20 Jahre) und Klaus (45 Jahre)
- ☐ Sofie (35 Jahre) und Lisa (40 Jahre)
- ☐ Anne (13 Jahre) und Tim (25 Jahre) ✓

Aufgabe 246

Ab welchem Alter ist man in Deutschland volljährig?

- ☐ 16
- ☐ 18 ✓
- ☐ 19
- ☐ 21

Aufgabe 247

Eine Frau ist schwanger. Sie ist kurz vor und nach der Geburt ihres Kindes vom Gesetz besonders beschützt. Wie heißt dieser Schutz?

- ☐ Elternzeit
- ☐ Mutterschutz ✓
- ☐ Geburtsvorbereitung
- ☐ Wochenbett

Aufgabe 248

Die Erziehung der Kinder ist in Deutschland ist vor allem Aufgabe ...

- ☐ des Staates.
- ☐ der Eltern. ✓
- ☐ der Großeltern.
- ☐ der Schulen.

Aufgabe 249

Wer ist in Deutschland hauptsächlich verantwortlich für die Kindererziehung?

- ☐ der Staat
- ☐ die Eltern ✓
- ☐ die Verwandten
- ☐ die Schulen

Aufgabe 250

In Deutschland hat man die besten Chancen auf einen gut bezahlten Arbeitsplatz, wenn man ...

- ☐ katholisch ist.
- ☐ gut ausgebildet ist. ✓
- ☐ eine Frau ist.
- ☐ Mitglied einer Partei ist.

Aufgabe 251

Wenn man in Deutschland ein Kind schlägt, ...

- ☐ geht das niemanden etwas an.
- ☐ geht das nur die Familie etwas an.
- ☐ kann man dafür nicht bestraft werden.
- ☐ kann man dafür bestraft werden. ✓

Erläuterung zur Antwort
§ 1631 BGB: „Kinder haben ein Recht auf gewaltfreie Erziehung. Körperliche Bestrafungen, seelische Verletzungen und andere entwürdigende Maßnahmen sind unzulässig. “.

Aufgabe 252

In Deutschland ...

- ☐ darf man zur gleichen Zeit nur mit einer Partnerin/einem Partner verheiratet sein. ✓
- ☐ kann man mehrere Ehepartnerinnen/Ehepartner gleichzeitig haben.
- ☐ darf man nicht wieder heiraten, wenn man einmal verheiratet war.
- ☐ darf eine Frau nicht wieder heiraten, wenn ihr Mann gestorben ist.

Erläuterung zur Antwort
Bigamie als auch Polygamie, sprich: die Ausübung der Doppelehe beziehungsweise Vielehe, ist in Deutschland nach § 1306 BGB.

Aufgabe 253

Wo müssen Sie sich anmelden, wenn Sie in Deutschland umziehen?

- ☐ beim Einwohnermeldeamt ✓
- ☐ beim Standesamt
- ☐ beim Ordnungsamt
- ☐ beim Gewerbeamt

Erläuterung zur Antwort
Das Einwohnermeldeamt ist eine kommunale Behörde, die sich als Meldestelle mit der im Meldewesen verankerten Meldepflicht befasst.

Aufgabe 254

In Deutschland dürfen Ehepaare sich scheiden lassen. Meistens müssen sie dazu das "Trennungsjahr" einhalten. Was bedeutet das?

- ☐ Der Scheidungsprozess dauert ein Jahr.
- ☐ Die Ehegatten sind ein Jahr verheiratet, dann ist die Scheidung möglich.
- ☐ Das Besuchsrecht für die Kinder gilt ein Jahr.
- ☐ Die Ehegatten führen mindestens ein Jahr getrennt ihr eigenes Leben. Danach ist die Scheidung möglich. ✓

Erläuterung zur Antwort

Das Trennungsjahr ist eine Voraussetzung für die Scheidung. Es beginnt, wenn die eheliche Gemeinschaft aufgelöst wird. Für eine Auflösung der häuslichen Gemeinschaft ist keine häusliche Trennung nötig.

Aufgabe 255

Bei Erziehungsproblemen können Eltern in Deutschland Hilfe erhalten vom ...

- ☐ Ordnungsamt.
- ☐ Schulamt.
- ☐ Jugendamt. ✓
- ☐ Gesundheitsamt.

Erläuterung zur Antwort

Das Jugendamt berät Kinder, die Probleme in ihrer Familie haben.

Aufgabe 256

Ein Ehepaar möchte in Deutschland ein Restaurant eröffnen. Was braucht es dazu unbedingt?

- ☐ eine Erlaubnis der Polizei
- ☐ eine Genehmigung einer Partei
- ☐ eine Genehmigung des Einwohnermeldeamts
- ☐ eine Gaststättenerlaubnis von der zuständigen Behörde ✓

Aufgabe 257

Eine erwachsene Frau möchte in Deutschland das Abitur nachholen. Das kann sie an ...

- ☐ einer Hochschule.
- ☐ einem Abendgymnasium. ✓
- ☐ einer Hauptschule.
- ☐ einer Privatuniversität.

Aufgabe 258

Was darf das Jugendamt in Deutschland?

- ☐ Es entscheidet, welche Schule das Kind besucht.
- ☐ Es kann ein Kind, das geschlagen wird oder hungern muss, aus der Familie nehmen. ✓
- ☐ Es bezahlt das Kindergeld an die Eltern.
- ☐ Es kontrolliert, ob das Kind einen Kindergarten besucht.

Aufgabe 259

Das Berufsinformationszentrum BIZ bei der Bundesagentur für Arbeit in Deutschland hilft bei der ...

- ☐ Rentenberechnung.
- ☐ Lehrstellensuche. ✓
- ☐ Steuererklärung.
- ☐ Krankenversicherung.

Erläuterung zur Antwort

Das Berufsinformationszentrum der Bundesagentur für Arbeit - kurz BiZ - hilft bei allen Fragen rund um deine Berufswahl.

Aufgabe 260

In Deutschland hat ein Kind in der Schule ...

- ☐ Recht auf unbegrenzte Freizeit.
- ☐ Wahlfreiheit für alle Fächer.
- ☐ Anspruch auf Schulgeld.
- ☐ Anwesenheitspflicht. ✓

Erläuterung zur Antwort

Die Bundesrepublik Deutschland zählt zu den Ländern, in welchen eine Schulanwesenheitspflicht (Präsenzpflicht) gilt.

Aufgabe 261

Ein Mann möchte mit 30 Jahren in Deutschland sein Abitur nachholen. Wo kann er das tun? An ...

- ☐ einer Hochschule.
- ☐ einem Abendgymnasium. ✓
- ☐ einer Hauptschule.
- ☐ einer Privatuniversität.

Aufgabe 262

Was bedeutet in Deutschland der Grundsatz der Gleichbehandlung?

- ☐ Niemand darf z.B. wegen einer Behinderung benachteiligt werden. ✓
- ☐ Man darf andere Personen benachteiligen, wenn ausreichende persönliche Gründe hierfür vorliegen.
- ☐ Niemand darf gegen Personen klagen, wenn sie benachteiligt wurden.
- ☐ Es ist für alle Gesetz, benachteiligten Gruppen jährlich Geld zu spenden.

Aufgabe 263

In Deutschland sind Jugendliche ab 14 Jahren strafmündig. Das bedeutet: Jugendliche, die 14 Jahre und älter sind und gegen Strafgesetze verstoßen, ...

- ☐ werden bestraft. ✓
- ☐ werden wie Erwachsene behandelt.
- ☐ teilen die Strafe mit ihren Eltern.
- ☐ werden nicht bestraft.

Erläuterung zur Antwort

Die Strafmündigkeit in der Bundesrepublik Deutschland beginnt ab dem 14. Geburtstag. Das bedeutet auch, dass ein Kind schuldunfähig ist, wenn es bei der Tatbegehung noch nicht 14 Jahre alt war (§ 19 StGB). Kinder können ihr Verhalten – anders als Jugendliche – noch nicht einschätzen und werden aus diesem Grund nicht bestraft.

Aufgabe 264

Zu welchem Fest tragen Menschen in Deutschland bunte Kostüme und Masken?

- ☐ am Rosenmontag ✓
- ☐ am Maifeiertag
- ☐ beim Oktoberfest
- ☐ an Pfingsten

Aufgabe 265

Wohin muss man in Deutschland zuerst gehen, wenn man heiraten möchte?

- ☐ zum Einwohnermeldeamt
- ☐ zum Ordnungsamt
- ☐ zur Agentur für Arbeit
- ☐ zum Standesamt ✓

Aufgabe 266

Wann beginnt die gesetzliche Nachtruhe in Deutschland?

- ☐ wenn die Sonne untergeht
- ☐ wenn die Nachbarn schlafen gehen
- ☐ um 0 Uhr, Mitternacht
- ☐ um 22 Uhr ✓

Aufgabe 267

Eine junge Frau in Deutschland, 22 Jahre alt, lebt mit ihrem Freund zusammen. Die Eltern der Frau finden das nicht gut, weil ihnen der Freund nicht gefällt. Was können die Eltern tun?

- ☐ Sie müssen die Entscheidung der volljährigen Tochter respektieren. ✓
- ☐ Sie haben das Recht, die Tochter in die elterliche Wohnung zurückzuholen.
- ☐ Sie können zur Polizei gehen und die Tochter anzeigen.
- ☐ Sie suchen einen anderen Mann für die Tochter.

Aufgabe 268

Eine junge Frau will den Führerschein machen. Sie hat Angst vor der Prüfung, weil ihre Muttersprache nicht Deutsch ist. Was ist richtig?

- ☐ Sie muss mindestens zehn Jahre in Deutschland leben, bevor sie den Führerschein machen kann.
- ☐ Wenn sie kein Deutsch kann, darf sie keinen Führerschein haben.
- ☐ Sie muss den Führerschein in dem Land machen, in dem man ihre Sprache spricht.
- ☐ Sie kann die Theorie-Prüfung vielleicht in ihrer Muttersprache machen. Es gibt mehr als zehn Sprachen zur Auswahl. ✓

Aufgabe 269

In Deutschland haben Kinder ab dem Alter von drei Jahren bis zur Ersteinschulung einen Anspruch auf …

- ☐ monatliches Taschengeld.
- ☐ einen Platz in einem Sportverein.
- ☐ einen Kindergartenplatz. ✓
- ☐ einen Ferienpass.

Erläuterung zur Antwort

Jedes Kind in Deutschland hat einen gesetzlich geregelten Anspruch auf einen Betreuungsplatz in einer Kindertagesstätte ab dem ersten Geburtstag.

Aufgabe 270

Die Volkshochschule in Deutschland ist eine Einrichtung …

- ☐ für den Religionsunterricht.
- ☐ nur für Jugendliche.
- ☐ zur Weiterbildung. ✓
- ☐ nur für Rentnerinnen und Rentner.

Erläuterung zur Antwort

Eine Volkshochschule (VHS) ist eine gemeinnützige Einrichtung zur Erwachsenen- und Weiterbildung. Volkshochschulen sind entgegen ihrer Bezeichnung keine Hochschulen im Sinne des allgemeinen Bildungsweges. Sie sind in Deutschland dem Bildungsbereich der Weiterbildung zugeordnet.

Aufgabe 271

Was ist in Deutschland ein Brauch zu Weihnachten?

- ☐ bunte Eier verstecken
- ☐ einen Tannenbaum schmücken ✓
- ☐ sich mit Masken und Kostümen verkleiden
- ☐ Kürbisse vor die Tür stellen

Erläuterung zur Antwort

Im Christentum versinnbildlichte der Tannenbaum ursprünglich als „Paradiesbaum" die Vertreibung von Adam und Eva aus dem Paradies.

Aufgabe 272

Welche Lebensform ist in Deutschland nicht erlaubt?

- ☐ Mann und Frau sind geschieden und leben mit neuen Partnern zusammen.
- ☐ Zwei Frauen leben zusammen.
- ☐ Ein alleinerziehender Vater lebt mit seinen zwei Kindern zusammen.
- ☐ Ein Mann ist mit zwei Frauen zur selben Zeit verheiratet. ✓

Aufgabe 273

Bei Erziehungsproblemen gehen Sie in Deutschland ...

- ☐ zur Ärztin/zum Arzt.
- ☐ zum Gesundheitsamt.
- ☐ zum Einwohnermeldeamt.
- ☐ zum Jugendamt. ✓

Aufgabe 274

Sie haben in Deutschland absichtlich einen Brief geöffnet, der an eine andere Person adressiert ist. Was haben Sie nicht beachtet?

- ☐ das Schweigerecht
- ☐ das Briefgeheimnis ✓
- ☐ die Schweigepflicht
- ☐ die Meinungsfreiheit

Erläuterung zur Antwort

Das Briefgeheimnis ist ein Grund- und Menschenrecht, das die Vertraulichkeit schriftlicher Mitteilungen in Briefform schützt. Die § 202 Verletzung des Briefgeheimnisses ist gemäß §202 Strafgesetzbuch (StGB) strafbar.

Aufgabe 275

Was braucht man in Deutschland für eine Ehescheidung?

- ☐ die Einwilligung der Eltern
- ☐ ein Attest einer Ärztin/eines Arztes
- ☐ die Einwilligung der Kinder
- ☐ die Unterstützung einer Anwältin/eines Anwalts ✓

Aufgabe 276

Was sollten Sie tun, wenn Sie von Ihrer Ansprechpartnerin/Ihrem Ansprechpartner in einer deutschen Behörde schlecht behandelt werden?

- ☐ Ich kann nichts tun.
- ☐ Ich muss mir diese Behandlung gefallen lassen.
- ☐ Ich drohe der Person.
- ☐ Ich kann mich bei der Behördenleiterin/beim Behördenleiter beschweren. ✓

Aufgabe 277

Eine Frau, die ein zweijähriges Kind hat, bewirbt sich in Deutschland um eine Stelle. Was ist ein Beispiel für Diskriminierung? Sie bekommt die Stelle nur deshalb nicht, weil sie ...

- ☐ kein Englisch spricht.
- ☐ zu hohe Gehaltsvorstellungen hat.
- ☐ keine Erfahrungen in diesem Beruf hat.
- ☐ Mutter ist. ✓

Aufgabe 278

Ein Mann im Rollstuhl hat sich auf eine Stelle als Buchhalter beworben. Was ist ein Beispiel für Diskriminierung? Er bekommt die Stelle nur deshalb nicht, weil er ...

- ☐ im Rollstuhl sitzt. ✓
- ☐ keine Erfahrung hat.
- ☐ zu hohe Gehaltsvorstellungen hat.
- ☐ kein Englisch spricht.

Aufgabe 279

In den meisten Mietshäusern in Deutschland gibt es eine "Hausordnung". Was steht in einer solchen "Hausordnung"? Sie nennt ...

- ☐ Regeln für die Benutzung öffentlicher Verkehrsmittel.
- ☐ alle Mieterinnen und Mieter im Haus.
- ☐ Regeln, an die sich alle Bewohnerinnen und Bewohner halten müssen. ✓
- ☐ die Adresse des nächsten Ordnungsamtes.

Aufgabe 280

Wenn Sie sich in Deutschland gegen einen falschen Steuerbescheid wehren wollen, müssen Sie ...

- ☐ nichts machen.
- ☐ den Bescheid wegwerfen.
- ☐ Einspruch einlegen. ✓
- ☐ warten, bis ein anderer Bescheid kommt.

Aufgabe 281

Zwei Freunde wollen in ein öffentliches Schwimmbad in Deutschland. Beide haben eine dunkle Hautfarbe und werden deshalb nicht hineingelassen. Welches Recht wird in dieser Situation verletzt? Das Recht auf …

- ☐ Meinungsfreiheit
- ☐ Gleichbehandlung ✓
- ☐ Versammlungsfreiheit
- ☐ Freizügigkeit

Aufgabe 282

Welches Ehrenamt müssen deutsche Staatsbürgerinnen und Staatsbürger übernehmen, wenn sie dazu aufgefordert werden?

- ☐ Vereinstrainerin/Vereinstrainer
- ☐ Wahlhelferin/Wahlhelfer ✓
- ☐ Bibliotheksaufsicht
- ☐ Lehrerin/Lehrer

Aufgabe 283

Was tun Sie, wenn Sie eine falsche Rechnung von einer deutschen Behörde bekommen?

- ☐ Ich lasse die Rechnung liegen.
- ☐ Ich lege Widerspruch bei der Behörde ein. ✓
- ☐ Ich schicke die Rechnung an die Behörde zurück.
- ☐ Ich gehe mit der Rechnung zum Finanzamt.

Erläuterung zur Antwort

Im Widerspruchsverfahren haben Sie die Möglichkeit, behördliche Entscheidungen überprüfen und gegebenenfalls ändern oder aufheben zu lassen.

Aufgabe 284

Was man für die Arbeit können muss, ändert sich in Zukunft sehr schnell. Was kann man tun?

- ☐ Es ist egal, was man lernt.
- ☐ Erwachsene müssen auch nach der Ausbildung immer weiter lernen. ✓
- ☐ Kinder lernen in der Schule alles, was im Beruf wichtig ist. Nach der Schule muss man nicht weiter lernen.
- ☐ Alle müssen früher aufhören zu arbeiten, weil sich alles ändert.

Aufgabe 285

Frau Frost arbeitet als fest angestellte Mitarbeiterin in einem Büro. Was muss sie <u>nicht</u> von ihrem Gehalt bezahlen?

- ☐ Lohnsteuer
- ☐ Beiträge zur Arbeitslosenversicherung
- ☐ Beiträge zur Renten- und Krankenversicherung
- ☐ Umsatzsteuer ✓

Erläuterung zur Antwort

Eine Umsatzsteuer (USt) ist. eine Steuer, die das Entgelt für Lieferungen und sonstige Leistungen von Unternehmern besteuert.

Aufgabe 286

Welche Organisation in einer Firma hilft den Arbeitnehmerinnen und Arbeitnehmern bei Problemen mit der Arbeitgeberin/dem Arbeitgeber?

- ☐ der Betriebsrat ✓
- ☐ die Betriebsprüferin/der Betriebsprüfer
- ☐ die Betriebsgruppe
- ☐ das Betriebsmanagement

Erläuterung zur Antwort

Ein Betriebsrat vertritt die Interessen der Beschäftigten im Betrieb und kann stellvertretend für sie mit dem Arbeitgeber verhandeln.

Aufgabe 287

Sie möchten bei einer Firma in Deutschland ihr Arbeitsverhältnis beenden. Was müssen Sie beachten?

- ☐ die Gehaltszahlungen
- ☐ die Arbeitszeit
- ☐ die Kündigungsfrist ✓
- ☐ die Versicherungspflicht

Aufgabe 288

Woraus begründet sich Deutschlands besondere Verantwortung für Israel?

- ☐ aus der Mitgliedschaft in der Europäischen Union (EU)
- ☐ aus den nationalsozialistischen Verbrechen gegen Juden ✓
- ☐ aus dem Grundgesetz der Bundesrepublik Deutschland
- ☐ aus der christlichen Tradition

Aufgabe 289

Ein Mann mit dunkler Hautfarbe bewirbt sich um eine Stelle als Kellner in einem Restaurant in Deutschland. Was ist ein Beispiel für Diskriminierung? Er bekommt die Stelle nur deshalb nicht, weil ...

- ☐ seine Deutschkenntnisse zu gering sind.
- ☐ er zu hohe Gehaltsvorstellungen hat.
- ☐ er eine dunkle Haut hat. ✓
- ☐ er keine Erfahrungen im Beruf hat.

Aufgabe 290

Sie haben in Deutschland einen Fernseher gekauft. Zu Hause packen Sie den Fernseher aus, doch er funktioniert nicht. Der Fernseher ist kaputt. Was können Sie machen?

- ☐ eine Anzeige schreiben
- ☐ den Fernseher reklamieren ✓
- ☐ das Gerät ungefragt austauschen
- ☐ die Garantie verlängern

Aufgabe 291

Warum muss man in Deutschland bei der Steuererklärung aufschreiben, ob man zu einer Kirche gehört oder nicht? Weil ...

- ☐ es eine Kirchensteuer gibt, die an die Einkommen- und Lohnsteuer geknüpft ist. ✓
- ☐ das für die Statistik in Deutschland wichtig ist.
- ☐ man mehr Steuern zahlen muss, wenn man nicht zu einer Kirche gehört.
- ☐ die Kirche für die Steuererklärung verantwortlich ist.

Aufgabe 292

Die Menschen in Deutschland leben nach dem Grundsatz der religiösen Toleranz. Was bedeutet das?

- ☐ Es dürfen keine Moscheen gebaut werden.
- ☐ Alle Menschen glauben an Gott.
- ☐ Jeder kann glauben, was er möchte. ✓
- ☐ Der Staat entscheidet, an welchen Gott die Menschen glauben.

Aufgabe 293

Was ist in Deutschland ein Brauch zu Ostern?

- ☐ Kürbisse vor die Tür stellen
- ☐ einen Tannenbaum schmücken
- ☐ Eier bemalen ✓
- ☐ Raketen in die Luft schießen

Aufgabe 294

Pfingsten ist ein …

- ☐ christlicher Feiertag. ✓
- ☐ deutscher Gedenktag.
- ☐ internationaler Trauertag.
- ☐ bayerischer Brauch.

Aufgabe 295

Welche Religion hat die europäische und deutsche Kultur geprägt?

- ☐ der Hinduismus
- ☐ das Christentum ✓
- ☐ der Buddhismus
- ☐ der Islam

Aufgabe 296

In Deutschland nennt man die letzten vier Wochen vor Weihnachten ...

- ☐ den Buß- und Bettag.
- ☐ das Erntedankfest.
- ☐ die Adventszeit. ✓
- ☐ Allerheiligen.

Aufgabe 297

Aus welchem Land sind die meisten Migrantinnen und Migranten nach Deutschland gekommen?

- ☐ Italien
- ☐ Polen
- ☐ Marokko
- ☐ Türkei ✓

Aufgabe 298

In der DDR lebten vor allem Migrantinnen und Migranten aus ...

- ☐ Vietnam, Polen, Mosambik. ✓
- ☐ Frankreich, Rumänien, Somalia.
- ☐ Chile, Ungarn, Simbabwe.
- ☐ Nordkorea, Mexiko, Ägypten.

Aufgabe 299

Ausländische Arbeitnehmerinnen und Arbeitnehmer, die in den 50er und 60er Jahren von der Bundesrepublik Deutschland angeworben wurden, nannte man ...

- ☐ Schwarzarbeiterinnen/Schwarzarbeiter.
- ☐ Gastarbeiterinnen/Gastarbeiter. ✓
- ☐ Zeitarbeiterinnen/Zeitarbeiter.
- ☐ Schichtarbeiterinnen/Schichtarbeiter.

Aufgabe 300

Aus welchem Land kamen die ersten Gastarbeiterinnen und Gastarbeiter nach Bundesrepublik Deutschland?

- ☐ Italien ✓
- ☐ Spanien
- ☐ Portugal
- ☐ Türkei

Teil II

Fragen für das Bundesland Baden-Württemberg

Aufgabe 1

Welches Wappen gehört zum Bundesland Baden-Württemberg?

Bild 1

Bild 2

Bild 3

Bild 4

- ☐ Bild 1
- ☐ Bild 2
- ☐ Bild 3
- ☐ Bild 4

Aufgabe 2

Welches ist ein Landkreis in Baden-Württemberg?

- ☐ Mecklenburgische Seenplatte
- ☐ Neckar-Odenwald-Kreis
- ☐ Nordfriesland
- ☐ Altötting

Aufgabe 3

Für wie viele Jahre wird der Landtag in Baden-Württemberg gewählt?

- ☐ 3
- ☐ 4
- ☐ 5 ✓
- ☐ 6

Aufgabe 4

Ab welchem Alter darf man in Baden-Württemberg bei Kommunalwahlen wählen?

- ☐ 14
- ☐ 16 ✓
- ☐ 18
- ☐ 20

Aufgabe 5

Welche Farben hat die Landesflagge von Baden-Württemberg?

- ☐ blau-weiß-rot
- ☐ schwarz-gold ✓
- ☐ weiß-blau
- ☐ grün-weiß-rot

Aufgabe 6

Wo können Sie sich in Baden-Württemberg über politische Themen informieren?

- ☐ beim Ordnungsamt der Gemeinde
- ☐ bei der Verbraucherzentrale
- ☐ bei der Landeszentrale für politische Bildung ✓
- ☐ bei den Kirchen

Aufgabe 7

Die Landeshauptstadt von Baden-Württemberg heißt …

- ☐ Heidelberg.
- ☐ Stuttgart. ✓
- ☐ Karlsruhe.
- ☐ Mannheim.

Aufgabe 8

Welches Bundesland ist Baden-Württemberg?

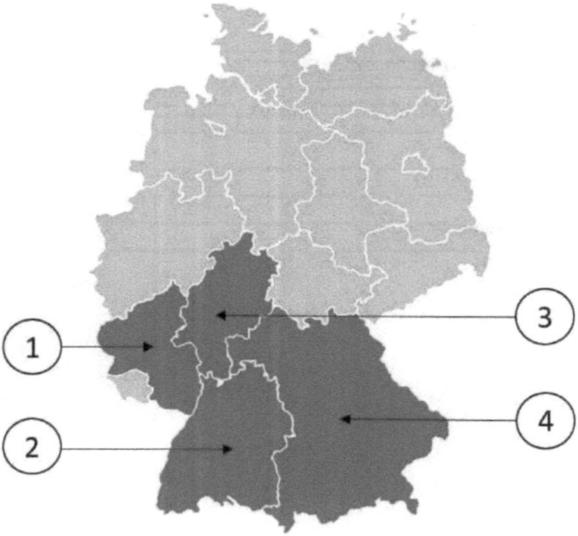

- ☐ 1
- ☐ 2✓
- ☐ 3
- ☐ 4

Aufgabe 9

Wie nennt man die Regierungschefin/den Regierungschef in Baden-Württemberg?

- ☐ Erste Ministerin/Erster Minister
- ☐ Premierministerin/Premierminister
- ☐ Bürgermeisterin/Bürgermeister
- ☐ Ministerpräsidentin/Ministerpräsident ✓

Aufgabe 10

Welche Ministerin/welchen Minister hat Baden-Württemberg nicht?

- ☐ Finanzministerin/Finanzminister
- ☐ Justizministerin/Justizminister
- ☐ Innenministerin/Innenminister
- ☐ Außenministerin/Außenminister ✓

Teil II

Fragen für das Bundesland Bayern

Aufgabe 1

Welches Wappen gehört zum Freistaat Bayern?

Bild 1

Bild 2

Bild 3

Bild 4

☐ Bild 1

☐ Bild 2 ✓

☐ Bild 3

☐ Bild 4

Aufgabe 2

Welches ist ein Landkreis in Bayern?

☐ Prignitz

☐ Rhein-Sieg-Kreis

☐ Nordfriesland

☐ Altötting ✓

Aufgabe 3

Für wie viele Jahre wird der Landtag in Bayern gewählt?

- ☐ 3
- ☐ 4
- ☐ 5 ✓
- ☐ 6

Aufgabe 4

Ab welchem Alter darf man in Bayern bei Kommunalwahlen wählen?

- ☐ 14
- ☐ 16
- ☐ 18 ✓
- ☐ 20

Aufgabe 5

Welche Farben hat die Landesflagge von Bayern?

- ☐ blau-weiß-rot
- ☐ weiß-blau ✓
- ☐ grün-weiß-rot
- ☐ schwarz-gelb

Aufgabe 6

Wo können Sie sich in Bayern über politische Themen informieren?

- ☐ beim Ordnungsamt der Gemeinde
- ☐ bei der Landeszentrale für politische Bildung ✓
- ☐ bei der Verbraucherzentrale
- ☐ bei den Kirchen

Aufgabe 7

Die Landeshauptstadt von Bayern heißt …

- ☐ Ingolstadt.
- ☐ Regensburg.
- ☐ Nürnberg.
- ☐ München. ✓

Aufgabe 8

Welches Bundesland ist Bayern?

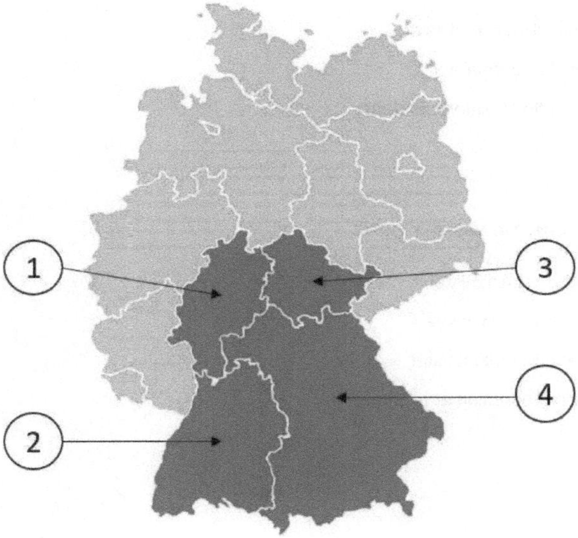

- ☐ 1
- ☐ 2
- ☐ 3
- ☐ 4 ✓

Aufgabe 9

Wie nennt man die Regierungschefin/den Regierungschef in Bayern?

- ☐ Erste Ministerin/Erster Minister
- ☐ Premierministerin/Premierminister
- ☐ Bürgermeisterin/Bürgermeister
- ☐ Ministerpräsidentin/Ministerpräsident ✓

Aufgabe 10

Welche Ministerin/welchen Minister hat Bayern nicht?

- ☐ Justizministerin/Justizminister
- ☐ Außenministerin/Außenminister ✓
- ☐ Finanzministerin/Finanzminister
- ☐ Innenministerin/Innenminister

Teil II

Fragen für das Bundesland Berlin

Aufgabe 1

Welches Wappen gehört zum Bundesland Berlin?

Bild 1

Bild 2

Bild 3

Bild 4

- ☐ Bild 1
- ☐ Bild 2
- ☐ Bild 3
- ☐ Bild 4

Aufgabe 2

Welches ist ein Bezirk von Berlin?

- ☐ Altona
- ☐ Prignitz
- ☐ Pankow
- ☐ Mecklenburgische Seenplatte

Aufgabe 3

Für wie viele Jahre wird das Landesparlament in Berlin gewählt?

- ☐ 3
- ☐ 4
- ☐ 5 ✓
- ☐ 6

Aufgabe 4

Ab welchem Alter darf man in Berlin bei Kommunalwahlen (Wahl der Bezirksverordnetenversammlung) wählen?

- ☐ 14
- ☐ 16 ✓
- ☐ 18
- ☐ 20

Aufgabe 5

Welche Farben hat die Landesflagge von Berlin?

- ☐ blau-weiß-rot
- ☐ weiß-rot ✓
- ☐ grün-weiß-rot
- ☐ schwarz-gold

Aufgabe 6

Wo können Sie sich in Berlin über politische Themen informieren?

- ☐ beim Ordnungsamt der Gemeinde
- ☐ bei den Kirchen
- ☐ bei der Verbraucherzentrale
- ☐ bei der Landeszentrale für politische Bildung ✓

Aufgabe 7

Welches Bundesland ist ein Stadtstaat?

- ☐ Berlin ✓
- ☐ Saarland
- ☐ Brandenburg
- ☐ Hessen

Aufgabe 8

Welches Bundesland ist Berlin?

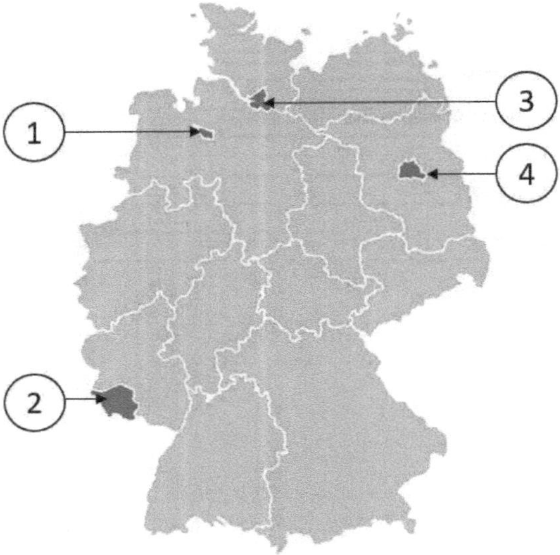

- ☐ 1
- ☐ 2
- ☐ 3
- ☐ 4 ✓

Aufgabe 9

Wie nennt man die Regierungschefin/den Regierungschef des Stadtstaates Berlin?

- ☐ Ministerpräsidentin/Ministerpräsident
- ☐ Oberbürgermeisterin/Oberbürgermeister
- ☐ Präsidentin/Präsident des Senates
- ☐ Regierende Bürgermeisterin/Regierender Bürgermeister ✓

Aufgabe 10

Welche Senatorin/welchen Senator hat Berlin <u>nicht</u>?

- ☐ Finanzsenatorin/Finanzsenator
- ☐ Innensenatorin/Innensenator
- ☐ Senatorin/Senator für Außenbeziehungen ✓
- ☐ Justizsenatorin/Justizsenator

Teil II

Fragen für das Bundesland Brandenburg

Aufgabe 1

Welches Wappen gehört zum Bundesland Brandenburg?

Bild 1

Bild 2

Bild 3

Bild 4

☐ Bild 1 ✓

☐ Bild 2

☐ Bild 3

☐ Bild 4

Aufgabe 2

Welches ist ein Landkreis in Brandenburg?

☐ Prignitz ✓

☐ Rhein-Sieg-Kreis

☐ Vogtlandkreis

☐ Amberg-Sulzbach

Aufgabe 3

Für wie viele Jahre wird der Landtag in Brandenburg gewählt?

- ☐ 3
- ☐ 4
- ☐ 5 ✓
- ☐ 6

Aufgabe 4

Ab welchem Alter darf man in Brandenburg bei Kommunalwahlen wählen?

- ☐ 14
- ☐ 16 ✓
- ☐ 18
- ☐ 20

Aufgabe 5

Welche Farben hat die Landesflagge von Brandenburg?

- ☐ blau-weiß-rot
- ☐ rot-weiß ✓
- ☐ grün-weiß-rot
- ☐ schwarz-gelb

Aufgabe 6

Wo können Sie sich in Brandenburg über politische Themen informieren?

- ☐ bei den Kirchen
- ☐ beim Ordnungsamt der Gemeinde
- ☐ bei der Landeszentrale für politische Bildung ✓
- ☐ bei der Verbraucherzentrale

Aufgabe 7

Die Landeshauptstadt von Brandenburg heißt …

- ☐ Potsdam. ✓
- ☐ Cottbus.
- ☐ Brandenburg.
- ☐ Frankfurt/Oder.

Aufgabe 8

Welches Bundesland ist Brandenburg?

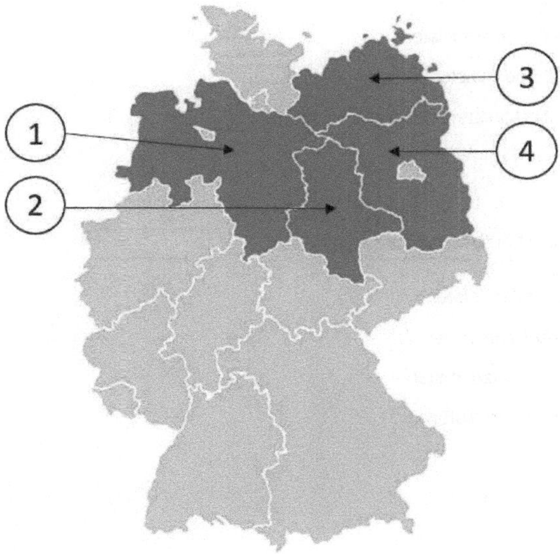

- ☐ 1
- ☐ 2
- ☐ 3
- ☐ 4 ✓

Aufgabe 9

Wie nennt man die Regierungschefin/den Regierungschef in Brandenburg?

- ☐ Erste Ministerin/Erster Minister
- ☐ Premierministerin/Premierminister
- ☐ Bürgermeisterin/Bürgermeister
- ☐ Ministerpräsidentin/Ministerpräsident ✓

Aufgabe 10

Welche Ministerin/welchen Minister hat Brandenburg <u>nicht</u>?

- ☐ Justizministerin/Justizminister
- ☐ Außenministerin/Außenminister ✓
- ☐ Finanzministerin/Finanzminister
- ☐ Innenministerin/Innenminister

Teil II

Fragen für das Bundesland Bremen

Aufgabe 1

Welches Wappen gehört zur Freien Hansestadt Bremen?

Bild 1 Bild 2 Bild 3 Bild 4

- ☐ Bild 1
- ☐ Bild 2
- ☐ Bild 3
- ☐ Bild 4

Aufgabe 2

Welches ist ein Stadtteil von Bremen?

- ☐ Altona
- ☐ Hemelingen
- ☐ Pankow
- ☐ Babelsberg

Aufgabe 3

Für wie viele Jahre wird das Landesparlament in Bremen gewählt?

- ☐ 3
- ☐ 4 ✓
- ☐ 5
- ☐ 6

Aufgabe 4

Ab welchem Alter darf man in Bremen bei den Wahlen zur Bürgerschaft (Landtag) wählen?

- ☐ 14
- ☐ 16 ✓
- ☐ 18
- ☐ 20

Aufgabe 5

Welche Farben hat die Landesflagge von Bremen?

- ☐ blau-weiß-rot
- ☐ rot-weiß ✓
- ☐ grün-weiß-rot
- ☐ schwarz-gold

Aufgabe 6

Wo können Sie sich in Bremen über politische Themen informieren?

- ☐ beim Ordnungsamt der Gemeinde
- ☐ bei der Landeszentrale für politische Bildung ✓
- ☐ bei den Kirchen
- ☐ bei der Verbraucherzentrale

Aufgabe 7

Was ist ein deutscher Stadtstaat?

- ☐ Bremen ✓
- ☐ München
- ☐ Frankfurt
- ☐ Erfurt

Aufgabe 8

Welches Bundesland ist Bremen?

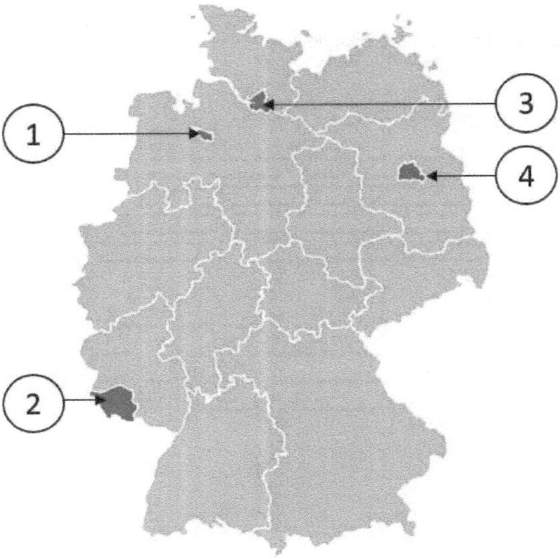

- ☐ 1 ✓
- ☐ 2
- ☐ 3
- ☐ 4

Aufgabe 9

Wie nennt man die Regierungschefin/den Regierungschef des Stadtstaates Bremen?

- ☐ Ministerpräsidentin/Ministerpräsident
- ☐ Erste Bürgermeisterin/Erster Bürgermeister
- ☐ Präsidentin/Präsident des Senates ✓
- ☐ Regierende Bürgermeisterin/Regierender Bürgermeister

Aufgabe 10

Welche Senatorin/welchen Senator hat Bremen nicht?

- ☐ Senatorin/Senator für Außenbeziehungen ✓
- ☐ Finanzsenatorin/Finanzsenator
- ☐ Justizsenatorin/Justizsenator
- ☐ Innensenatorin/Innensenator

Teil II

Fragen für das Bundesland Hamburg

Aufgabe 1

Welches Wappen gehört zur Freien und Hansestadt Hamburg?

Bild 1

Bild 2

Bild 3

Bild 4

☐ Bild 1

☐ Bild 2 ✓

☐ Bild 3

☐ Bild 4

Aufgabe 2

Welches ist ein Bezirk von Hamburg?

☐ Altona ✓

☐ Hemelingen

☐ Pankow

☐ Mecklenburgische Seenplatte

Aufgabe 3

Für wie viele Jahre wird das Landesparlament in Hamburg gewählt?

- ☐ 3
- ☐ 4
- ☐ 5 ✓
- ☐ 6

Aufgabe 4

Ab welchem Alter darf man in Hamburg bei Kommunalwahlen (Wahl der Bezirksversammlungen) wählen?

- ☐ 14
- ☐ 16 ✓
- ☐ 18
- ☐ 20

Aufgabe 5

Welche Farben hat die Landesflagge von Hamburg?

- ☐ blau-weiß-rot
- ☐ weiß-rot ✓
- ☐ grün-weiß-rot
- ☐ schwarz-gelb

Aufgabe 6

Wo können Sie sich in Hamburg über politische Themen informieren?

- ☐ beim Ordnungsamt der Gemeinde
- ☐ bei der Verbraucherzentrale
- ☐ bei den Kirchen
- ☐ bei der Landeszentrale für politische Bildung ✓

Aufgabe 7

Welches Bundesland ist ein Stadtstaat?

- ☐ Hamburg ✓
- ☐ Sachsen
- ☐ Bayern
- ☐ Thüringen

Aufgabe 8

Welches Bundeslanc ist Hamburg?

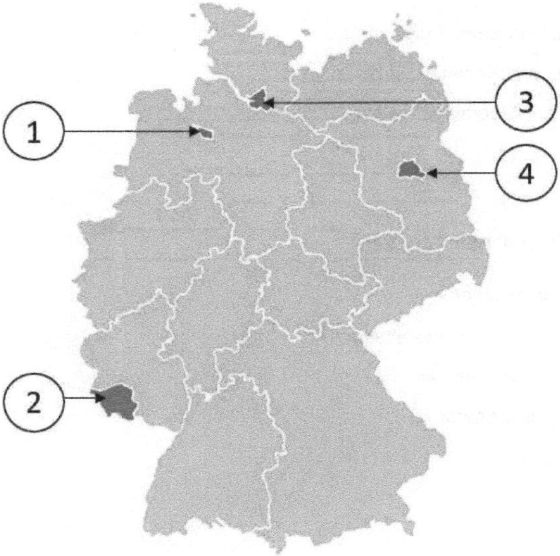

- ☐ 1
- ☐ 2
- ☐ 3 ✓
- ☐ 4

Aufgabe 9

Wie nennt man die Regierungschefin/den Regierungschef des Stadtstaates Hamburg?

- ☐ Ministerpräsidentin/Ministerpräsident
- ☐ Erste Bürgermeisterin/Erster Bürgermeister ✓
- ☐ Regierende Senatorin/Regierender Senator
- ☐ Oberbürgermeisterin/Oberbürgermeister

Aufgabe 10

Welche Senatorin/welchen Senator hat Hamburg <u>nicht</u>?

- ☐ Justizsenatorin/Justizsenator
- ☐ Senatorin/Senator für Außenbeziehungen ✓
- ☐ Finanzsenatorin/Finanzsenator
- ☐ Innensenatorin/Innensenator

Teil II

Fragen für das Bundesland Hessen

Aufgabe 1

Welches Wappen gehört zum Bundesland Hessen?

Bild 1

Bild 2

Bild 3

Bild 4

- ☐ Bild 1
- ☐ Bild 2
- ☐ Bild 3
- ☐ Bild 4

Aufgabe 2

Welches ist ein Landkreis in Hessen?

- ☐ Ammerland
- ☐ Altötting
- ☐ Prignitz
- ☐ Main-Taunus-Kreis

Aufgabe 3

Für wie viele Jahre wird der Landtag in Hessen gewählt?

- ☐ 3
- ☐ 4
- ☐ 5 ✓
- ☐ 6

Aufgabe 4

Ab welchem Alter darf man in Hessen bei Kommunalwahlen wählen?

- ☐ 14
- ☐ 16
- ☐ 18 ✓
- ☐ 20

Aufgabe 5

Welche Farben hat die Landesflagge von Hessen?

- ☐ blau-weiß-rot
- ☐ rot-weiß ✓
- ☐ schwarz-gold
- ☐ grün-weiß-rot

Aufgabe 6

Wo können Sie sich in Hessen über politische Themen informieren?

- ☐ bei der Landeszentrale für politische Bildung ✓
- ☐ bei der Verbraucherzentrale
- ☐ beim Ordnungsamt der Gemeinde
- ☐ bei den Kirchen

Aufgabe 7

Die Landeshauptstadt von Hessen heißt …

- ☐ Kassel.
- ☐ Darmstadt.
- ☐ Frankfurt.
- ☐ Wiesbaden. ✓

Aufgabe 8

Welches Bundesland ist Hessen?

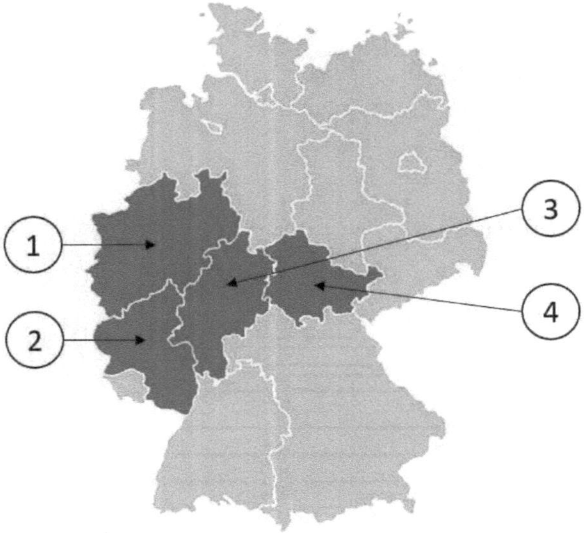

- ☐ 1
- ☐ 2
- ☐ 3 ✓
- ☐ 4

Aufgabe 9

Wie nennt man die Regierungschefin/den Regierungschef in Hessen?

- ☐ Erste Ministerin/Erster Minister
- ☐ Premierministerin/Premierminister
- ☐ Bürgermeisterin/Bürgermeister
- ☐ Ministerpräsidentin/Ministerpräsident ✓

Aufgabe 10

Welche Ministerin/welchen Minister hat Hessen <u>nicht</u>?

- ☐ Justizministerin/Justizminister
- ☐ Außenministerin/Außenminister ✓
- ☐ Finanzministerin/Finanzminister
- ☐ Innenministerin/Innenminister

Teil II

Fragen für das Bundesland Mecklenburg-Vorpommern

Aufgabe 1

Welches Wappen gehört zum Bundesland Mecklenburg-Vorpommern?

Bild 1

Bild 2

Bild 3

Bild 4

- ☐ Bild 1
- ☐ Bild 2
- ☐ Bild 3 ✓
- ☐ Bild 4

Aufgabe 2

Welches ist ein Landkreis in Mecklenburg-Vorpommern?

- ☐ Prignitz
- ☐ Mecklenburgische Seenplatte ✓
- ☐ Vogtlandkreis
- ☐ Rhein-Sieg-Kreis

Aufgabe 3

Für wie viele Jahre wird der Landtag in Mecklenburg-Vorpommern gewählt?

- ☐ 3
- ☐ 4
- ☐ 5 ✓
- ☐ 6

Aufgabe 4

Ab welchem Alter darf man in Mecklenburg-Vorpommern bei Kommunalwahlen wählen?

- ☐ 14
- ☐ 16 ✓
- ☐ 18
- ☐ 20

Aufgabe 5

Welche Farben hat die Landesflagge von Mecklenburg-Vorpommern?

- ☐ schwarz-rot-gold
- ☐ blau-weiß-gelb-rot ✓
- ☐ grün-weiß-rot
- ☐ schwarz-gelb

Aufgabe 6

Wo können Sie sich in Mecklenburg-Vorpommern über politische Themen informieren?

- ☐ bei der Landeszentrale für politische Bildung ✓
- ☐ bei den Kirchen
- ☐ beim Ordnungsamt der Gemeinde
- ☐ bei der Verbraucherzentrale

Aufgabe 7

Die Landeshauptstadt von Mecklenburg-Vorpommern heißt …

- ☐ Greifswald.
- ☐ Schwerin. ✓
- ☐ Rostock.
- ☐ Wismar.

Aufgabe 8

Welches Bundeslanc ist Mecklenburg-Vorpommern?

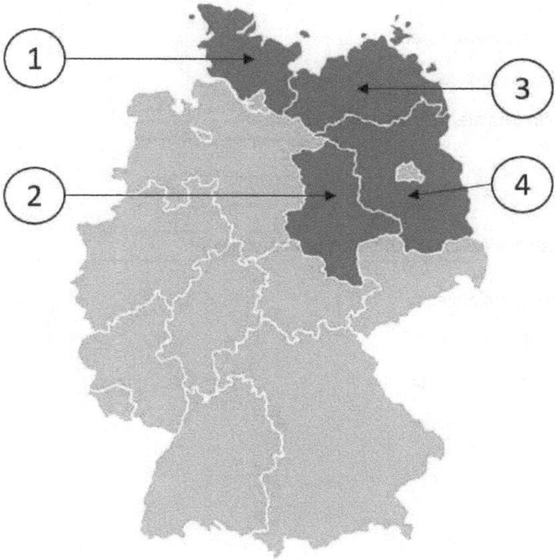

- ☐ 1
- ☐ 2
- ☐ 3 ✓
- ☐ 4

Aufgabe 9

Wie nennt man die Regierungschefin/den Regierungschef in Mecklenburg-Vorpommern?

- ☐ Erste Ministerin/Erster Minister
- ☐ Premierministerin/Premierminister
- ☐ Bürgermeisterin/Bürgermeister
- ☐ Ministerpräsidentin/Ministerpräsident ✓

Aufgabe 10

Welche Ministerin/welchen Minister hat Mecklenburg-Vorpommern <u>nicht</u>?

- ☐ Justizministerin/Justizminister
- ☐ Außenministerin/Außenminister ✓
- ☐ Finanzministerin/Finanzminister
- ☐ Innenministerin/Innenminister

Teil II

Fragen für das Bundesland Niedersachsen

Aufgabe 1

Welches Wappen gehört zum Bundesland Niedersachsen?

Bild 1

Bild 2

Bild 3

Bild 4

- ☐ Bild 1
- ☐ Bild 2
- ☐ Bild 3 ✓
- ☐ Bild 4

Aufgabe 2

Welches ist ein Landkreis in Niedersachsen?

- ☐ Ammerland ✓
- ☐ Rhein-Sieg-Kreis
- ☐ Nordfriesland
- ☐ Vogtlandkreis

Aufgabe 3

Für wie viele Jahre wird der Landtag in Niedersachsen gewählt?

- ☐ 3
- ☐ 4
- ☐ 5 ✓
- ☐ 6

Aufgabe 4

Ab welchem Alter darf man in Niedersachsen bei Kommunalwahlen wählen?

- ☐ 14
- ☐ 16 ✓
- ☐ 18
- ☐ 20

Aufgabe 5

Welche Farben hat die Landesflagge von Niedersachsen?

- ☐ weiß-blau
- ☐ schwarz-rot-gold ✓
- ☐ schwarz-gelb
- ☐ blau-weiß-rot

Aufgabe 6

Wo können Sie sich in Niedersachsen über politische Themen informieren?

- ☐ bei dem Koordinator für politische Bildung im Kultusministerium ✓
- ☐ beim Ordnungsamt der Gemeinde
- ☐ bei der Verbraucherzentrale
- ☐ bei den Kirchen

Aufgabe 7

Die Landeshauptstadt von Niedersachsen heißt …

- ☐ Hannover. ✓
- ☐ Braunschweig.
- ☐ Wolfsburg.
- ☐ Osnabrück.

Aufgabe 8

Welches Bundesland ist Niedersachsen?

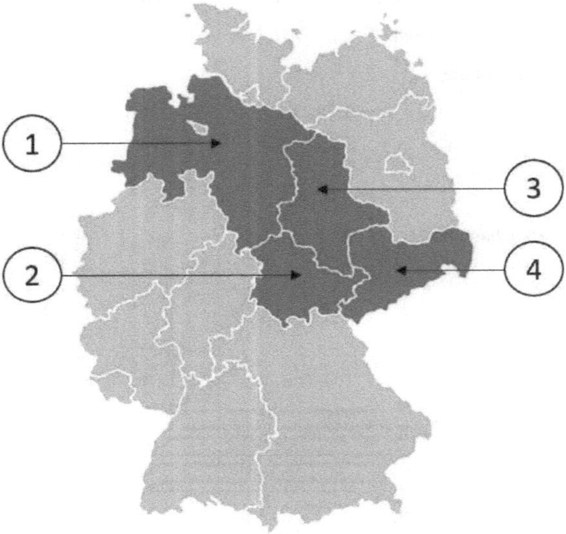

- ☐ 1 ✓
- ☐ 2
- ☐ 3
- ☐ 4

Aufgabe 9

Wie nennt man die Regierungschefin/den Regierungschef in Niedersachsen?

- ☐ Erste Ministerin/Erster Minister
- ☐ Premierministerin/Premierminister
- ☐ Bürgermeisterin/Bürgermeister
- ☐ Ministerpräsidentin/Ministerpräsident ✓

Aufgabe 10

Welche Ministerin/welchen Minister hat Niedersachsen <u>nicht</u>?

- ☐ Justizministerin/Justizminister
- ☐ Außenministerin/Außenminister ✓
- ☐ Finanzministerin/Finanzminister
- ☐ Innenministerin/Innenminister

Teil II

Fragen für das Bundesland Nordrhein-Westfalen

Aufgabe 1

Welches Wappen gehört zum Bundesland Nordrhein-Westfalen?

Bild 1

Bild 2

Bild 3

Bild 4

- ☐ Bild 1
- ☐ Bild 2 ✓
- ☐ Bild 3
- ☐ Bild 4

Aufgabe 2

Welches ist ein Landkreis in Nordrhein-Westfalen?

- ☐ Ammerland
- ☐ Rhein-Sieg-Kreis ✓
- ☐ Nordfriesland
- ☐ Vogtlandkreis

Aufgabe 3

Für wie viele Jahre wird der Landtag in Nordrhein-Westfalen gewählt?

- ☐ 3
- ☐ 4
- ☐ 5 ✓
- ☐ 6

Aufgabe 4

Ab welchem Alter darf man in Nordrhein-Westfalen bei Kommunalwahlen wählen?

- ☐ 14
- ☐ 16 ✓
- ☐ 18
- ☐ 20

Aufgabe 5

Welche Farben hat die Landesflagge von Nordrhein-Westfalen?

- ☐ rot-weiß
- ☐ grün-weiß-rot ✓
- ☐ schwarz-gold
- ☐ blau-weiß-rot

Aufgabe 6

Wo können Sie sich in Nordrhein-Westfalen über politische Themen informieren?

- ☐ bei den Kirchen
- ☐ beim Ordnungsamt der Gemeinde
- ☐ bei der Verbraucherzentrale
- ☐ bei der Landeszentrale für politische Bildung ✓

Aufgabe 7

Die Landeshauptstadt von Nordrhein-Westfalen heißt …

- ☐ Köln.
- ☐ Bonn.
- ☐ Düsseldorf. ✓
- ☐ Dortmund.

Aufgabe 8

Welches Bundesland ist Nordrhein-Westfalen?

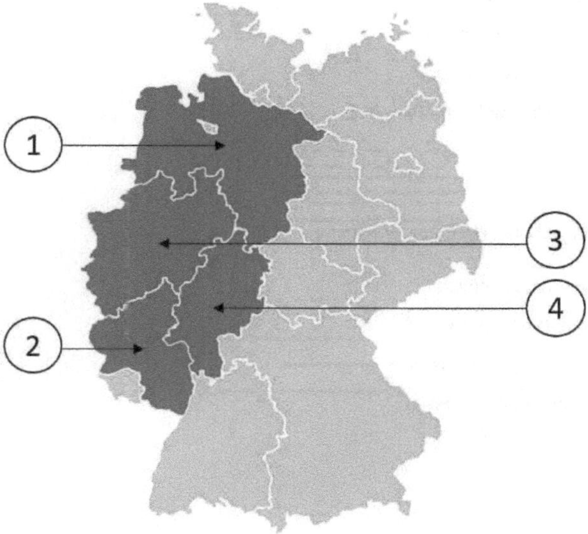

- ☐ 1
- ☐ 2
- ☐ 3 ✓
- ☐ 4

Aufgabe 9

Wie nennt man die Regierungschefin/den Regierungschef in Nordrhein-Westfalen?

- ☐ Erste Ministerin/Erster Minister
- ☐ Premierministerin/Premierminister
- ☐ Bürgermeisterin/Bürgermeister
- ☐ Ministerpräsidentin/Ministerpräsident ✓

Aufgabe 10

Welche Ministerin/welchen Minister hat Nordrhein-Westfalen nicht?

- ☐ Justizministerin/Justizminister
- ☐ Außenministerin/Außenminister ✓
- ☐ Finanzministerin/Finanzminister
- ☐ Innenministerin/Innenminister

Teil II

Fragen für das Bundesland Rheinland-Pfalz

Aufgabe 1

Welches Wappen gehört zum Bundesland Rheinland-Pfalz?

Bild 1 Bild 2 Bild 3 Bild 4

☐ Bild 1

☐ Bild 2

☐ Bild 3

☐ Bild 4

Aufgabe 2

Welches ist ein Landkreis in Rheinland-Pfalz?

☐ Westerwaldkreis

☐ Altötting

☐ Emsland

☐ Prignitz

Aufgabe 3

Für wie viele Jahre wird der Landtag in Rheinland-Pfalz gewählt?

- ☐ 3
- ☐ 4
- ☐ 5 ✓
- ☐ 6

Aufgabe 4

Ab welchem Alter darf man in Rheinland-Pfalz bei Kommunalwahlen wählen?

- ☐ 14
- ☐ 16
- ☐ 18 ✓
- ☐ 20

Aufgabe 5

Welche Farben hat die Landesflagge von Rheinland-Pfalz?

- ☐ weiß-rot
- ☐ schwarz-rot-gold ✓
- ☐ schwarz-gelb
- ☐ grün-weiß-rot

Aufgabe 6

Wo können Sie sich in Rheinland-Pfalz über politische Themen informieren?

- ☐ bei den Kirchen
- ☐ bei der Verbraucherzentrale
- ☐ beim Ordnungsamt der Gemeinde
- ☐ bei der Landeszentrale für politische Bildung ✓

Aufgabe 7

Die Landeshauptstadt von Rheinland-Pfalz heißt ...

- ☐ Mainz. ✓
- ☐ Kaiserslautern.
- ☐ Ludwigshafen.
- ☐ Koblenz.

Aufgabe 8

Welches Bundesland ist Rheinland-Pfalz?

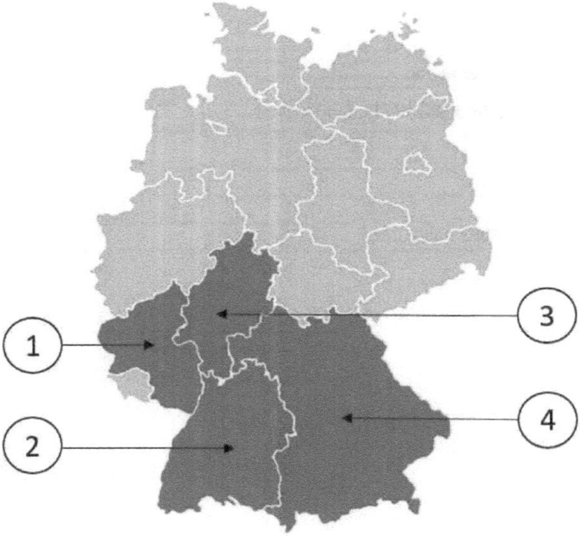

- ☐ 1✓
- ☐ 2
- ☐ 3
- ☐ 4

Aufgabe 9

Wie nennt man die Regierungschefin/den Regierungschef in Rheinland-Pfalz?

- ☐ Erste Ministerin/Erster Minister
- ☐ Premierministerin/Premierminister
- ☐ Bürgermeisterin/Bürgermeister
- ☐ Ministerpräsidentin/Ministerpräsident ✓

Aufgabe 10

Welche Ministerin/welchen Minister hat Rheinland-Pfalz <u>nicht</u>?

- ☐ Justizministerin/Justizminister
- ☐ Außenministerin/Außenminister ✓
- ☐ Finanzministerin/Finanzminister
- ☐ Innenministerin/Innenminister

Teil II

Fragen für das Bundesland Saarland

Aufgabe 1

Welches Wappen gehört zum Bundesland Saarland?

Bild 1

Bild 2

Bild 3

Bild 4

- ☐ Bild 1
- ☐ Bild 2
- ☐ Bild 3
- ☐ Bild 4 ✓

Aufgabe 2

Welches ist ein Landkreis im Saarland?

- ☐ Mecklenburgische Seenplatte
- ☐ Altötting
- ☐ Neunkirchen ✓
- ☐ Rhein-Sieg-Kreis

Aufgabe 3

Für wie viele Jahre wird der Landtag des Saarlandes gewählt?

- ☐ 3
- ☐ 4
- ☐ 5 ✓
- ☐ 6

Aufgabe 4

Ab welchem Alter darf man im Saarland bei Kommunalwahlen wählen?

- ☐ 14
- ☐ 16
- ☐ 18 ✓
- ☐ 20

Aufgabe 5

Welche Farben hat die Landesflagge des Saarlandes?

- ☐ weiß-blau
- ☐ schwarz-rot-gold ✓
- ☐ schwarz-gelb
- ☐ grün-weiß-rot

Aufgabe 6

Wo können Sie sich im Saarland über politische Themen informieren?

- ☐ bei den Kirchen
- ☐ bei der Landeszentrale für politische Bildung ✓
- ☐ bei der Verbraucherzentrale
- ☐ beim Ordnungsamt der Gemeinde

Aufgabe 7

Die Landeshauptstadt des Saarlandes heißt ...

- ☐ Neunkirchen.
- ☐ Homburg.
- ☐ Saarbrücken. ✓
- ☐ Völklingen.

Aufgabe 8

Welches Bundesland ist das Saarland?

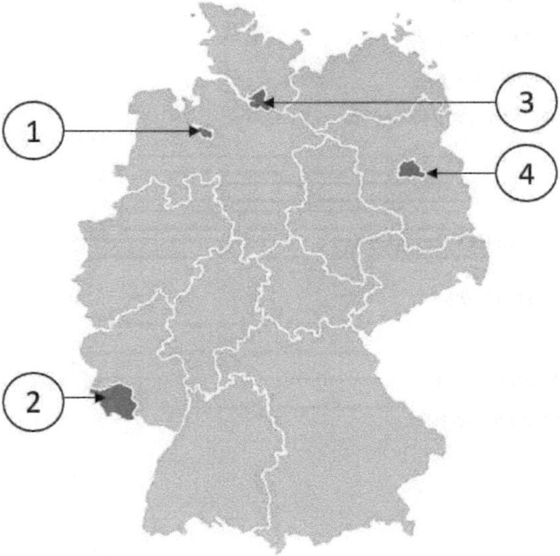

- ☐ 1
- ☐ 2 ✓
- ☐ 3
- ☐ 4

Aufgabe 9

Wie nennt man die Regierungschefin/den Regierungschef des Saarlandes?

- ☐ Erste Ministerin/Erster Minister
- ☐ Premierministerin/Premierminister
- ☐ Bürgermeisterin/Bürgermeister
- ☐ Ministerpräsidentin/Ministerpräsident ✓

Aufgabe 10

Welche Ministerin/welchen Minister hat das Saarland nicht?

- ☐ Justizministerin/Justizminister
- ☐ Außenministerin/Außenminister ✓
- ☐ Finanzministerin/Finanzminister
- ☐ Innenministerin/Innenminister

Teil II

Fragen für das Bundesland Sachsen

Aufgabe 1

Welches Wappen gehört zum Freistaat Sachsen?

Bild 1

Bild 2

Bild 3

Bild 4

- ☐ Bild 1
- ☐ Bild 2
- ☐ Bild 3
- ☐ Bild 4 ✓

Aufgabe 2

Welches ist ein Landkreis in Sachsen?

- ☐ Vogtlandkreis ✓
- ☐ Altötting
- ☐ Uckermark
- ☐ Nordfriesland

Aufgabe 3

Für wie viele Jahre wird der Landtag in Sachsen gewählt?

- ☐ 3
- ☐ 4
- ☐ 5 ✓
- ☐ 6

Aufgabe 4

Ab welchem Alter darf man in Sachsen bei Kommunalwahlen wählen?

- ☐ 14
- ☐ 16
- ☐ 18 ✓
- ☐ 20

Aufgabe 5

Welche Farben hat die Landesflagge von Sachsen?

- ☐ blau-weiß-rot
- ☐ weiß-grün ✓
- ☐ grün-weiß-rot
- ☐ schwarz-gelb

Aufgabe 6

Wo können Sie sich in Sachsen über politische Themen informieren?

- ☐ bei der Landeszentrale für politische Bildung ✓
- ☐ beim Ordnungsamt der Gemeinde
- ☐ bei den Kirchen
- ☐ bei der Verbraucherzentrale

Aufgabe 7

Die Landeshauptstadt von Sachsen heißt ...

- ☐ Leipzig.
- ☐ Dresden. ✓
- ☐ Chemnitz.
- ☐ Zwickau.

Aufgabe 8

Welches Bundesland ist Sachsen?

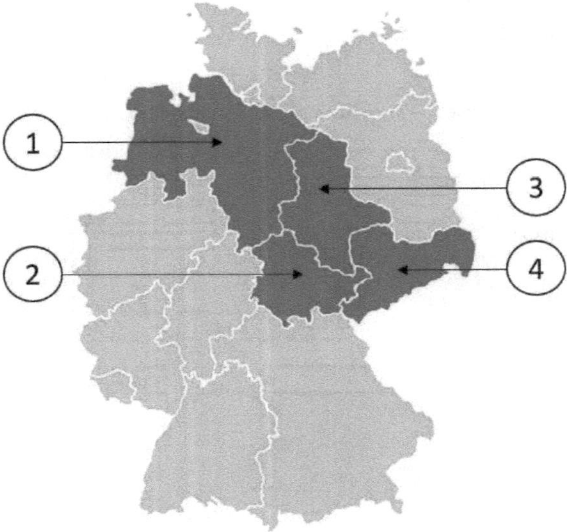

- ☐ 1
- ☐ 2
- ☐ 3
- ☐ 4 ✓

Aufgabe 9

Wie nennt man die Regierungschefin/den Regierungschef in Sachsen?

- ☐ Erste Ministerin/Erster Minister
- ☐ Premierministerin/Premierminister
- ☐ Bürgermeisterin/Bürgermeister
- ☐ Ministerpräsidentin/Ministerpräsident ✓

Aufgabe 10

Welche Ministerin/welchen Minister hat Sachsen nicht?

- ☐ Justizministerin/Justizminister
- ☐ Außenministerin/Außenminister ✓
- ☐ Finanzministerin/Finanzminister
- ☐ Innenministerin/Innenminister

Teil II

Fragen für das Bundesland Sachsen-Anhalt

Aufgabe 1

Welches Wappen gehört zum Bundesland Sachsen-Anhalt?

Bild 1

Bild 2

Bild 3

Bild 4

- ☐ Bild 1
- ☐ Bild 2
- ☐ Bild 3
- ☐ Bild 4 ✓

Aufgabe 2

Welches ist ein Landkreis in Sachsen-Anhalt?

- ☐ Ammerland
- ☐ Altötting
- ☐ Uckermark
- ☐ Börde ✓

Aufgabe 3

Für wie viele Jahre wird der Landtag in Sachsen-Anhalt gewählt?

- ☐ 3
- ☐ 4
- ☐ 5 ✓
- ☐ 6

Aufgabe 4

Ab welchem Alter darf man in Sachsen-Anhalt bei Kommunalwahlen wählen?

- ☐ 14
- ☐ 16 ✓
- ☐ 18
- ☐ 20

Aufgabe 5

Welche Farben hat die Landesflagge von Sachsen-Anhalt?

- ☐ blau-weiß-rot
- ☐ gelb-schwarz ✓
- ☐ grün-weiß-rot
- ☐ weiß-rot

Aufgabe 6

Wo können Sie sich in Sachsen-Anhalt über politische Themen informieren?

- ☐ bei den Kirchen
- ☐ bei der Landeszentrale für politische Bildung ✓
- ☐ beim Ordnungsamt der Gemeinde
- ☐ bei der Verbraucherzentrale

Aufgabe 7

Die Landeshauptstadt von Sachsen-Anhalt heißt ...

- ☐ Halle.
- ☐ Dessau.
- ☐ Magdeburg. ✓
- ☐ Wittenberg.

Aufgabe 8

Welches Bundesland ist Sachsen-Anhalt?

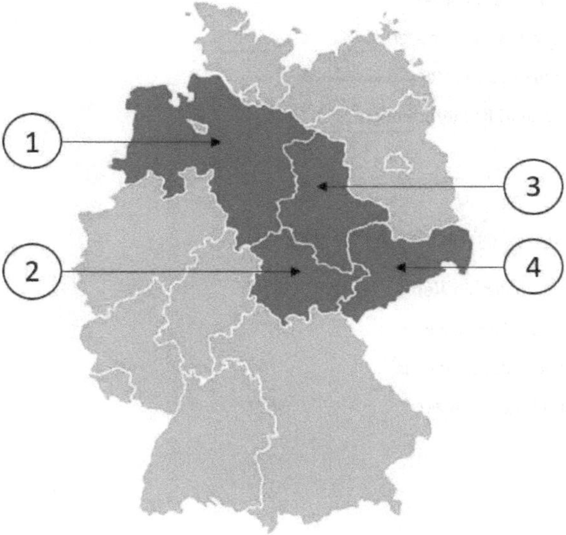

☐ 1

☐ 2

☐ 3 ✓

☐ 4

Aufgabe 9

Wie nennt man die Regierungschefin/den Regierungschef in Sachsen-Anhalt?

- ☐ Erste Ministerin/Erster Minister
- ☐ Premierministerin/Premierminister
- ☐ Bürgermeisterin/Bürgermeister
- ☐ Ministerpräsidentin/Ministerpräsident ✓

Aufgabe 10

Welche Ministerin/welchen Minister hat Sachsen-Anhalt <u>nicht</u>?

- ☐ Justizministerin/Justizminister
- ☐ Außenministerin/Außenminister ✓
- ☐ Finanzministerin/Finanzminister
- ☐ Innenministerin/Innenminister

Teil II

Fragen für das Bundesland Schleswig-Holstein

Aufgabe 1

Welches Wappen gehört zum Bundesland Schleswig-Holstein?

Bild 1

Bild 2

Bild 3

Bild 4

- ☐ Bild 1
- ☐ Bild 2
- ☐ Bild 3 ✓
- ☐ Bild 4

Aufgabe 2

Welches ist ein Landkreis in Schleswig-Holstein?

- ☐ Ammerland
- ☐ Mecklenburgische Seenplatte
- ☐ Nordfriesland ✓
- ☐ Rhein-Sieg-Kreis

Aufgabe 3

Für wie viele Jahre wird der Landtag in Schleswig-Holstein gewählt?

- ☐ 3
- ☐ 4
- ☐ 5 ✓
- ☐ 6

Aufgabe 4

Ab welchem Alter darf man in Schleswig-Holstein bei Kommunalwahlen wählen?

- ☐ 14
- ☐ 16 ✓
- ☐ 18
- ☐ 20

Aufgabe 5

Welche Farben hat die Landesflagge von Schleswig-Holstein?

- ☐ weiß-blau
- ☐ blau-weiß-rot ✓
- ☐ weiß-rot
- ☐ grün-weiß-rot

Aufgabe 6

Wo können Sie sich in Schleswig-Holstein über politische Themen informieren?

- ☐ bei der Verbraucherzentrale
- ☐ beim Ordnungsamt der Gemeinde
- ☐ beim / bei der Landesbeauftragten für politische Bildung ✓
- ☐ bei den Kirchen

Aufgabe 7

Die Landeshauptstadt von Schleswig-Holstein heißt ...

- ☐ Husum.
- ☐ Flensburg.
- ☐ Lübeck.
- ☐ Kiel. ✓

Aufgabe 8

Welches Bundesland ist Schleswig-Holstein?

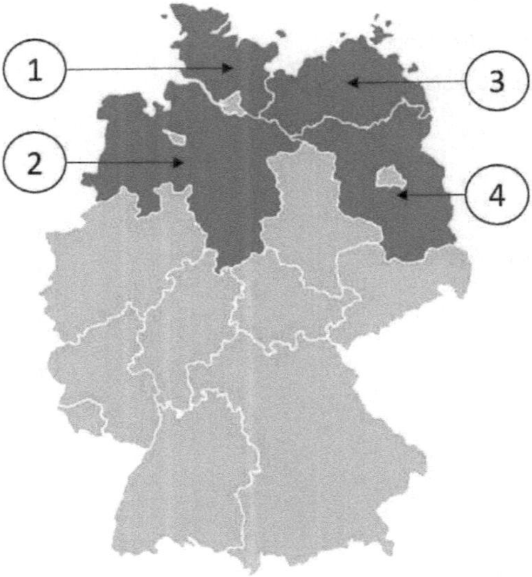

- ☐ 1 ✓
- ☐ 2
- ☐ 3
- ☐ 4

Aufgabe 9

Wie nennt man die Regierungschefin/den Regierungschef in Schleswig-Holstein?

- ☐ Erste Ministerin/Erster Minister
- ☐ Premierministerin/Premierminister
- ☐ Bürgermeisterin/Bürgermeister
- ☐ Ministerpräsidentin/Ministerpräsident ✓

Aufgabe 10

Welche Ministerin/welchen Minister hat Schleswig-Holstein <u>nicht</u>?

- ☐ Justizministerin/Justizminister
- ☐ Außenministerin/Außenminister ✓
- ☐ Finanzministerin/Finanzminister
- ☐ Innenministerin/Innenminister

Teil II

Fragen für das Bundesland Thüringen

Aufgabe 1

Welches Wappen gehört zum Freistaat Thüringen?

Bild 1

Bild 2

Bild 3

Bild 4

- ☐ Bild 1
- ☐ Bild 2
- ☐ Bild 3
- ☐ Bild 4 ✓

Aufgabe 2

Welches ist ein Landkreis in Thüringen?

- ☐ Ammerland
- ☐ Altötting
- ☐ Nordfriesland
- ☐ Wartburgkreis ✓

Aufgabe 3

Für wie viele Jahre wird der Landtag in Thüringen gewählt?

- ☐ 3
- ☐ 4
- ☐ 5 ✓
- ☐ 6

Aufgabe 4

Ab welchem Alter darf man in Thüringen bei Kommunalwahlen wählen?

- ☐ 14
- ☐ 16 ✓
- ☐ 18
- ☐ 20

Aufgabe 5

Welche Farben hat die Landesflagge von Thüringen?

- ☐ blau-weiß-rot
- ☐ weiß-rot ✓
- ☐ grün-weiß-rot
- ☐ schwarz-gold

Aufgabe 6

Wo können Sie sich in Thüringen über politische Themen informieren?

- ☐ bei den Kirchen
- ☐ bei der Verbraucherzentrale
- ☐ bei der Landeszentrale für politische Bildung ✓
- ☐ beim Ordnungsamt der Gemeinde

Aufgabe 7

Die Landeshauptstadt von Thüringen heißt …

- ☐ Eisenach.
- ☐ Erfurt. ✓
- ☐ Gera.
- ☐ Jena.

Aufgabe 8

Welches Bundesland ist Thüringen?

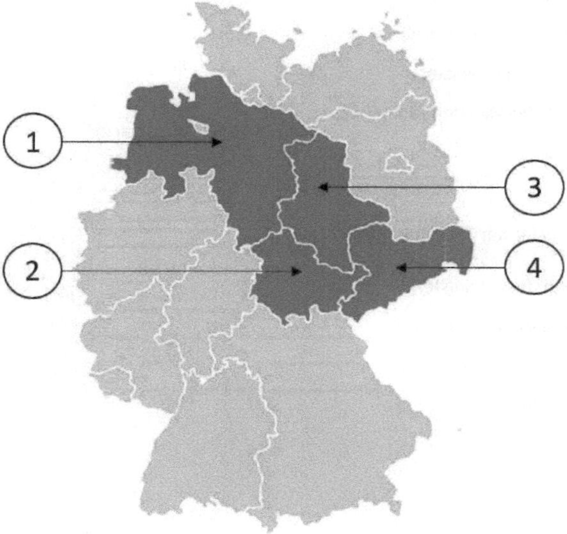

- ☐ 1
- ☐ 2 ✓
- ☐ 3
- ☐ 4

Aufgabe 9

Wie nennt man die Regierungschefin/den Regierungschef in Thüringen?

- ☐ Erste Ministerin/Erster Minister
- ☐ Premierministerin/Premierminister
- ☐ Bürgermeisterin/Bürgermeister
- ☐ Ministerpräsidentin/Ministerpräsident ✓

Aufgabe 10

Welche Ministerin/welchen Minister hat Thüringen <u>nicht</u>?

- ☐ Justizministerin/Justizminister
- ☐ Außenministerin/Außenminister ✓
- ☐ Finanzministerin/Finanzminister
- ☐ Innenministerin/Innenminister

Zeitfracht Medien GmbH
Ferdinand-Jühlke-Straße 7,
99095 - DE, Erfurt
produktsicherheit@zeitfracht.de

FSC
www.fsc.org
MIX
Papier | Fördert gute Waldnutzung
FSC® C083411

Druck:
CPI Druckdienstleistungen GmbH
im Auftrag der
Zeitfracht Medien GmbH
Ein Unternehmen der Zeitfracht - Gruppe
Ferdinand-Jühlke-Str. 7
99095 Erfurt